# 编 委 会

# 老照片

# 南京旧影

撰文 / 叶兆言　卢海鸣　韩文宁
编选 / 卢海鸣　王雪岩

南京出版传媒集团
南京出版社

**图书在版编目（CIP）数据**

老照片·南京旧影 / 叶兆言，卢海鸣，韩文宁撰文.
—南京：南京出版社，2012
ISBN 978-7-5533-0069-6

Ⅰ. ①老… Ⅱ. ①叶… ②卢… ③韩… Ⅲ. ①南京市—地方史—近现代—摄影集 Ⅳ. ①K295.31-64

中国版本图书馆CIP数据核字（2012）第215087号

书　　名：老照片·南京旧影
撰　　文：叶兆言　卢海鸣　韩文宁
出版发行：南京出版传媒集团
南　京　出　版　社
社址：南京市太平门街53号　　邮编：210016
网址：http://www.njcbs.cn　　电子信箱：njcbs1988@163.com
淘宝网店：http://njpress.taobao.com　　天猫网店：http://njcbcmjtts.tmall.com
联系电话：025-83283893、83283864（营销）　025-83112257（编务）
出 版 人：朱同芳
出 品 人：卢海鸣
责任编辑：王雪岩　徐　智
装帧设计：杨晓岗
责任印制：杨福彬
制　　版：南京新华丰制版有限公司
印　　刷：南京凯德印刷有限公司
开　　本：787毫米×1092毫米　1/16
印　　张：21
字　　数：243千
版　　次：2012年12月第1版
印　　次：2017年1月第2次印刷
书　　号：ISBN 978-7-5533-0069-6
定　　价：70.00元

淘宝网店

天猫网店

上架建议：旅游　文史

# 目录

## 伍　民国官府



## 陆　科场学堂

## 柒　陵墓魅影



## 捌　寺庙祠观

# 影像历史

叶兆言

上世纪90年代，一位有才华的年轻人到美术出版社当编辑，他爹怜子心切，给老朋友派任务，让我为他孩子写一本书。情急之中，想到了看过的那些老照片，在过去岁月，我有意无意地接触了许多南京的老照片，根据这些历史影像，自信可以写一本书。这就有了我的第一本图文书《旧影秦淮》，出版社觉得选题不错，发扬光大，索性出了一套老城市系列丛书，这本书也一度被易名为《老南京》。

我对老照片的兴趣由来已久，最初是在图书馆翻阅当年报纸，为了获得一种历史现场感。这是个力气活，毕竟过期报纸，不仅有股时间的霉味，而且很可能枯燥不好看。与单调的文字相比，老照片更可以让人眼睛一亮。当时的制版技术极差，所有照片没有颜色，而且都很模糊。很显然，我所见过的老照片，印刷出版的图片集要清楚得多，当然最清晰的还是原件，譬如档案馆、博物馆和私人手里的藏品。

南京是民国时期的旧都，她的官方档案馆和图书馆一直处于领先地位，因此只要有心去淘宝，一些珍贵的老照片，便可以从丰富的收藏中艰难获得。当然，与南京有关的历史镜头，不仅收藏在本地，还可能隐匿于世界各地的公共档案馆和图书馆，譬如日本东亚同文书院，美国国会图书馆，以及美国杜克大学和南加利福尼亚大学的图书馆，就收藏了不少与南京有关的珍贵图片。

提起私人拍摄的南京老照片，据我所知最多的是朱偰先生。朱先生早年留学德国，学经济出身，有博士头衔，差不多是这门学科最早的前辈。他老人家对南京有两个重要贡献，一是以一己之力保护了古城墙，一是拍摄了很多照片。除了上世纪30年代已出版的两本影集之外，朱先生后人有一次告诉我，经过这么多年磨难，他家中居然还有许多尚未公布保存完好的南京老照片，这消息真让人感到兴奋和鼓舞。

这些年民间收藏大热，老照片，尤其是与南京有关的影像，开始为藏家追捧。没见过的老照片不断发现，藏在民间的宝贝，远比我们所能想象的多。相对以往出版的老照片图册，如何处置新发现的数以万计老照片，进一步归纳整理，剔除常见图像，配上恰当的说明文字，让它们重新进入我们的阅读视野，让读者品尝美食一样大快朵颐，无疑是很值得认真去做的工作。

现在，有意义的工作已经完成，即将出版的《老照片·南京旧影》就放在我面前。这是本全新的影集，也是南京出版社业已出版的《老明信片·南京旧影》的姊妹篇，给人带来的惊喜一言难尽。山外有山楼外有楼，都说见多不怪，我见过太多南京的老照片，面对这样的一本书，不得不承认，它仍然足以让人叹为观止。

很乐意为这本书写序，很乐意向读者隆重推荐。

2012年6月23日端午节，亳州古井镇

# 壹　龙盘虎踞

"钟山龙盘，石头虎踞，此乃帝王之宅也。"相传这是三国时期蜀汉政治家、军事家诸葛亮奉刘备之命出使孙吴，途经秣陵（今南京），登临石头山（今清凉山），有感于南京的形胜之美，发出的由衷赞美之词。用今天的话来说，意思是："钟山像龙一样盘曲，石头山像虎一样踞坐，真是个帝王定都的好地方。"千百年来，"龙盘虎踞"不断出现在政治家、军事家、文学家的笔下，成为南京的代名词。

南京地处长江下游的宁镇丘陵地区，城区依山傍水，襟江带河，地势险要，环境优越。东以钟山为屏，西以石头山为障，北以长江为险，南以秦淮河为带。境内的山脉是宁镇山脉的一个组成部分，主要有紫金山（钟山）、北极阁、清凉山（石头山）、狮子山、雨花台、五台山、幕府山、燕子矶、栖霞山、牛首山、方山、青龙山、阳山、东庐山、横山、老山、灵岩山等。

紫金山



## 紫金山

紫金山古名金陵山，南京的美称“金陵”就是因其而得名。汉代称作钟山，含“钟灵毓秀”之意。三国孙吴时期，因避孙权祖父孙钟的名讳，同时为了纪念在钟山下逐贼而死的秣陵尉蒋子文，改称蒋山。东晋南朝时，因山岩含铁质矿物质，在夕阳的照耀下，发出紫金色的光芒，所以又称作紫金山；同时，又因此山位于南京城东北，故称北山。明朝时，因开国皇帝朱元璋的陵墓位于此山，所以又称神烈山。但民间习称紫金山或钟山。

紫金山是宁镇山脉的主峰，山体呈东西走向。东西长约 7.4 公里，南北宽约 3 公里，周长约 20 多公里，蜿蜒起伏。山有三峰：主峰居中偏北，称北高峰，海拔 448 米，是宁镇山脉的最高峰；第二峰偏于东南，名中茅山，海拔 360 米，中山陵就位于其南坡；第三峰偏于西南，因太平天国时期曾在此峰筑天保城，故称天保山，海拔 250 米，紫金山天文台即建于此峰。紫金山山势雄伟险峻，略呈弧形，弧口朝南，蜿蜒如龙。山脊的走向以北高峰为转折点，东段走向东南止于马群；西段走向西南，经太平门附近入城，余脉向西断续延伸为富贵山、小九华山、鸡笼山、鼓楼岗、五台山，抵清凉山，成为南京城内秦淮河和金川河两大水系的分水岭。

紫金山

从雨花台远眺南京城及紫金山

紫金山倒影如画

从冶山朝天宫眺望城区，可见远处的紫金山

北极阁

## 北极阁

位于鸡笼山之巅，与鸡鸣寺相毗邻，是南京城内的制高点。清初在明朝观象台址前建北极阁，遂以阁名山，称鸡笼山为北极阁。康熙二十四年（1685年），康熙帝驻跸江宁（今南京）期间，曾登临北极阁，欣然命笔题写“旷观”二字。宣统三年（1911年），辛亥革命爆发后，江浙联军在总司令徐绍桢的指挥下，进攻南京城。清军统帅张勋将指挥所设在北极阁，负隅顽抗。江浙联军炮轰北极阁，张勋仓皇出逃。

早在南朝刘宋时期，就在鸡笼山巅建有日观台，又称司天台，这是世界上最古老的气象台。明朝时期，将鸡笼山改名为钦天山，山巅建观象台，专门负责观察天文气象，其设备之精良，令意大利传教士利玛窦为之赞叹不已。1928年，中央研究院气象研究所在明朝钦天监旧址上建气象台，这是我国现代的第一座气象台。气象台矗立在鸡笼山之巅，远远望去宛若一座古塔。这座气象台是我国现代著名气象学家、地理学家竺可桢（1890—1974年）就任中央研究院气象研究所所长之初兴建的，至今仍在发挥着积极的作用。

北极阁，1911年光复南京的民军进驻

从五台山远眺，左为金陵大学，右为北极阁

北极阁气象台

北极阁气象台

清凉山

## 清凉山

清凉山原名石头山，位于今天的南京城西，西临秦淮河，西北接马鞍山，东南连五台山，山势呈圆形，周围有大小山丘10余座。1500多年前，长江之水从石头山西侧流过，秦淮河水在石头山下与长江交汇，石头山控江临淮，地势险要。诸葛亮口中的“石头虎踞”赞美的就是石头山。随着时间的推移，长江逐渐西移。

南唐时，佛教盛行，在石头山上建清凉道场（又名清凉寺），这里成为高僧云集之所，石头山因此又得名清凉山。明朝时，画家郭仁绘有《金陵八景》，清凉山以“石城瑞雪”名列其中。清朝时，清凉山环境优雅，香火缭绕，以“石城霁雪”和“清凉问佛”之名跻身“金陵四十八景”之列。

清朝时，著名画家龚贤隐居在山上的扫叶楼，潜心作画，其作品在画坛独树一帜，形成以其为首的“金陵八大家”。

清凉山扫叶楼、善庆寺

民国时期拍摄的清凉山扫叶楼

清凉山公园大门

树木掩映中的清凉山扫叶楼

雨花台

## 雨花台

位于中华门南，高约100米、长约3.5公里，顶部呈台状，由东岗（又称梅岗）、中岗（又称凤台岗）和西岗三个山岗组成。因古代岗上盛产五彩斑斓的石子，故名石子冈，又名玛瑙冈、聚宝山。南朝时期，佛教盛行，相传高僧云光法师曾在此设坛讲经，感动上苍，一时落花如雨，雨花台由此得名。

自古以来，雨花台一直是南京人登高揽胜之地和军事要地。现为雨花台风景名胜区，著名景点有雨花台烈士纪念馆、“江南第二泉”（即永宁泉）、雨花阁、二忠祠、木末亭、乾隆御碑亭、杨邦乂墓、方孝孺墓、辛亥革命人马冢、甘露井、曦园、怡苑等。

雨花台

20世纪30年代燕子矶风光

## 燕子矶

燕子矶位于南京北郊观音门东北，紧临南京长江二桥。

燕子矶是观音山的余脉，一峰特起，三面临江陡绝，江中望之，宛若展翅欲飞的燕子，故称燕子矶。它与安徽采石矶、湖北城陵矶并称为“长江三大矶”。

矶上旧有水云亭、大观亭和俯江亭。清初康熙、乾隆二帝下江南时，曾在此泊舟，登临游览。如今，燕子矶顶有一碑亭，亭中石碑正面有清乾隆帝所书“燕子矶”三字，背面是乾隆帝的题诗。夕阳西照，登临此矶，但见水月皓白，澄江如练，令人心旷神怡。“燕矶夕照”在清朝被列为“金陵四十八景”之一。

燕子矶

燕子矶

燕子矶，
1910年

燕子矶

民国早期拍摄的五台山



## 五台山

位于南京城内中部偏西地区，因山顶平坦宽阔，犹如垒土之台，故借用我国著名佛教圣地——山西五台山之名，取名五台山。

清朝时，五台山为丛葬地，山上有著名文学家袁枚之墓。民国初年，山下有关帝庙，香火旺盛；同时，五台山成为西方人聚居地之一。南京沦陷期间，1940 年，侵华日军在五台山建起了靖国神社，存放在中国被打死或病死的日军官兵的骨灰盒，并在此举行各种纪念仪式和祭祀活动。

1945 年 8 月日军投降后，国民政府为展示抗日胜利成果，曾经把神社用作“战利品陈列馆”，一直延续到 1946 年。1946 年秋，国民政府将这里改为中央军官训练团驻地，后又改为中国童子军总会。

# 贰　秦淮烟水

水是万物之源，南京人杰地灵，离不开水的滋养。地处江南丘陵的南京城，濒江临淮，河道纵横，湖泊星罗，名川胜水有流经南京的长江，以及秦淮河、金川河、玄武湖、莫愁湖、乌龙潭、杨吴城壕、进香河、惠民河、胭脂河等，其中长江被誉为中华民族的母亲河，秦淮河被誉为南京的母亲河。

南京的水与南京的山共同缔造了南京的帝都之象。南朝诗人谢朓《入朝曲》写道："江南佳丽地，金陵帝王州。逶迤带绿水，迢递起朱楼。"南京的水与南京的山组合成了让人流连眷恋的城市。清朝文学家郑板桥《念奴娇·金陵怀古·长干里》赞美道："淮水秋清，钟山暮紫，老马耕闲地。一丘一壑，吾将终老于此。"南京的水与南京的山也构成了今天南京山水城林的独特都市景观。

滚滚长江、人文秦淮、碧波玄武、多情莫愁……给我们留下了多少动人的故事传说，也给古都南京平添了几分氤氲之气。

从下关眺望对面的浦口



## 长江

长江是亚洲第一大河，全长6397千米，它和黄河一起并称为中华民族的“母亲河”。长江从南京城西南流向西北，折而向东，奔流入海。长江流经南京的长度达98公里，其中南京城西北面的下关和浦口是南京的重要水陆交通枢纽。

六朝时期，下关一带已经成为北伐的出发地。明朝时，航海家郑和七下西洋，就是以南京下关龙江作为造船和出航的基地。清朝光绪二十五年（1899年），南京正式开放为通商口岸，外国轮船公司相继在下关兴建码头，先后营建的码头有1900年建成的英商怡和码头、1901年建成的英商太古码头、1902年建成的日商大阪码头（后改称

为日清码头）、1906 年建成的德商美最时码头等。1908 年，津浦铁路动工后，铁路局于 1910 年开始在浦口江边建造码头，至 1914 年，共建成码头 10 座，命名为津浦码头，用于客货运。同时，下关江边也陆续建成一批码头，其中有客运轮渡码头和火车轮渡码头各一座。1910 年左右兴建的下关客运轮渡码头，最初又称作渡江码头、飞鸿码头、澄平码头。1928 年，为了纪念孙中山先生，更名为中山码头。中山码头自建成后，一直担负着长江南北客运和货运的重任。

下关码头

下关码头，1910年

下关江岸的大船和帆船

下关江边堤岸

南京江岸一览

民国初年的南京下关码头

浦口轮渡码头

浦口江岸

浦口码头货场

1937年，日本飞机轰炸南京津浦铁路轮渡码头的情景

石头城与外秦淮河



## 秦淮河

秦淮河，原名龙藏浦，又名淮水、小江。秦汉时期，民间盛传东南有王气。秦始皇在方山凿断山岗以泄王气，后人遂将秦淮河附会为秦始皇开凿，秦淮河一名由此而来。但是经过现代地质专家勘探证明，秦淮河是一条天然河道。

秦淮河全长约110公里，有两个源头：一个发源于溧水东庐山，一个发源于句容宝华山。两者在江宁方山附近汇合后，流经东山镇，一路向西北方向流淌，到了通济门附近，又一分为二：一支环绕在南京城墙外，流经武定门、雨花门、中华门、集庆门、水西门、汉中门、清凉门，在三汊河附近流入长江，称作外秦淮河；流淌在南京城墙外的这条秦淮河，又称护城河。另一支从通济门附近的东水关入城，流经夫子庙、中华门，在水西门（西水关）出城，与外秦淮河汇合，流入长江；穿城而过的这条秦淮河，呈“V”字形，从东水关到西水关，全长10华里，历史上的宽度达100米，就是我们通常所说的“十里秦淮”。

在南京城市发展史上，秦淮河享有太多太多的荣耀，被世世代代的南京人看作是母亲河。秦淮河之于南京，就相当于黄浦江之于上海，珠江于之广州，塞纳河之于巴黎，泰晤士河之于伦敦，它已经成为南京人和南京城的生命符号，也是南京的历史符号和文化符号。如今的秦淮河，杨柳依依，碧波荡漾，成为一条“美丽的河、流动的河、繁华的河”，重现了“灯月交辉、笙歌彻夜”的桨声灯影梦里秦淮胜景。

2008年11月3日，在南京举行的第四届世界城市论坛开幕式上，南京市政府因为秦淮河的成功整治荣获联合国人居署颁发的“联合国人居奖特别荣誉奖”。

船过石头城

运送木材，
外秦淮石头城段

石头城下外秦淮河

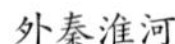

外秦淮河

外秦淮河

外秦淮河

明城墙与外秦淮河

内秦淮河夫子庙段



## 夫子庙

位于秦淮河畔，呈前庙后学的布局。前设照壁、棂星门和东西牌坊形成庙前广场。中轴线上依次为照壁、泮池、棂星门、东西牌坊、大成门、大成殿、明德堂、尊经阁、卫山、敬一亭等建筑。大成殿是夫子庙的主殿，重檐飞翘，斗拱交错，巍峨庄严。殿高16.22米，阔28.1米，深21.7米。

秦淮河南岸的照壁，建于明万历三年（1575年），全长110米，高20米，为全国照壁之最。

泮池是孔庙的特有规制，源自于《周礼》。南京夫子庙以秦淮河为泮池，开创了全国各地孔庙利用天然河道作为泮池的先例。

秦淮河北岸为石栏，建于明朝正德九年（1514年）。紧挨着石栏，有“天下文枢”牌坊，游人至此可凭栏小憩，浏览秦淮河风光。夫子庙广场东西两侧旧有“道冠古今”、“德配天地”两个牌坊，后被拆除。广场左右还有聚星亭、思乐亭、魁星阁。

内秦淮河
夫子庙段

传说中的
秦淮河桃叶渡

夫子庙大成殿，1910年

下关惠民河



## 惠民河

位于南京下关，南起三汊河，北至老江口附近汇入长江，是一条夹江。沿河的两岸，各有一条街，西边的叫商埠街，东边的叫永宁街。

历史上的惠民河，帆樯林立，货栈鳞次栉比，是南京下关的水上交通枢纽。惠民河上由南向北原有四桥——中山桥、惠民桥、铁路桥和龙江桥。21 世纪初，因城市建设的需要，惠民河被填埋，四桥也消失得无影无踪。

下关惠民河

从进香河看北极阁，1910年



## 进香河

进香河，位于鸡笼山之南，是一条南北向的人工河道。其前身是三国孙吴时期的运渎的一部分，为六朝都城交通运输动脉之一。隋灭陈后，随着南京地位的下降，河道日渐淤塞，无法行船。

明朝朱元璋定都南京后，于洪武年间在鸡笼山麓兴建历代帝王庙、国朝功臣庙、北极真武庙、都城隍文天祥庙、祠山广惠张渤庙、五显灵顺庙、汉寿亭侯关羽庙、蒋忠烈子文庙、卞忠贞壶庙、刘忠肃仁瞻庙、曹武惠王彬庙、卫国忠肃王福寿庙共十二庙，俗称十庙，朱垣环绕，连绵一里。为了便于官员和百姓乘船前往鸡笼山十庙进香，明朝政权重新疏浚了这条河道，取名进香河。1958年，因城市建设需要，进香河被改为暗河，上面修建了进香河路。

历史上的进香河，与杨吴城壕、秦淮河连为一体。

1946年的南京玄武湖



## 玄武湖

玄武湖位于钟山脚下。古名桑泊，又名秣陵湖、蒋陵湖、习武湖、昆明湖、练湖、后湖、北湖等。

清朝宣统元年（1909年），为配合在南京举办的南洋劝业会，两江总督端方、张人骏将玄武湖开辟为公园。1927年国民政府定都南京；1928年，南京市长刘纪文下令将湖中的老洲、新洲、长洲、麟洲、趾洲分别改名为美洲、欧洲、亚洲、澳洲、非洲，取名为五洲公园。1934年，又将五洲公园更名为玄武公园，但民间习称五洲公园。同年，又将美洲、欧洲、亚洲、澳洲、非洲分别更名为梁洲、樱洲、环洲、菱洲、翠洲。1949年新中国成立后，改名玄武湖公园。“文革”期间，曾经一度更名为人民公园。

玄武湖公园占地面积472公顷，其中陆地104公顷，水面368公顷，环湖周长10余公里。湖中有五洲与陆地相连，五洲之间以堤桥相通。每洲景致各有千秋——环洲因形状屈曲似环、抱樱洲于内而得名，洲上遍植垂柳，故有“环洲烟柳”之称。樱洲因洲上曾遍植樱桃得名，如今每年春天，樱花飞舞，故有“樱洲花海”之誉。梁洲上每年秋天举行一年一度的菊花展览时，各种菊花争奇斗艳，故有“梁洲秋菊”之称。翠洲上绿草如茵，佳木繁多，苍松、翠柏、嫩柳、淡竹构成了“翠洲云树”。菱洲位于玄武湖的中心，是眺望钟山的最佳处，故有“菱洲山岚”之誉。湖面碧波荡漾，湖水清澈，莲叶田田，游船摇曳，山光城影与蓝天白云倒映其间，素有“石城明珠”之美誉。

玄武湖与明城墙

明城墙下
的玄武湖

玄武湖游船

玄武湖游船

玄武湖春雪，1936年2月

玄武湖游船

20世纪30年代玄武湖畔游人如织

抗日战争胜利后的玄武湖

1944年的玄武湖

20世纪40年代玄武湖公园里的诺那塔和喇嘛庙

伍朝枢、王宠惠等在莫愁湖公园大门留影

## 莫愁湖

莫愁湖位于南京城西水西门外。古称横塘。因其东依石头城，故又称石城湖。相传南齐时，有洛阳少女莫愁，因家贫远嫁江东富户卢家，移居南京石城湖畔。莫愁端庄贤惠，乐于助人，后人为纪念她，便将石城湖改名为莫愁湖。明朝时期，莫愁湖为中山王徐达的私家园林。1929年，莫愁湖被辟为公园对游人开放。

莫愁湖公园现有面积为58.36公顷，其中水面为32.36公顷。主要景点有郁金堂、胜棋楼、华严庵、水榭、抱月楼、粤军阵亡将士墓等。园里四季花木扶疏，湖畔亭台楼榭错落有致，湖面波光潋滟，素享“金陵第一名胜”之称。清朝时，莫愁湖以“莫愁烟雨”列为“金陵四十八景”之首。

如今，一年一度的海棠花会、龙舟大赛以及袅袅的垂柳、田田的莲荷、缤纷的花灯将莫愁湖装点得婀娜多姿。

莫愁湖胜棋楼，1910年

莫愁湖

乌龙潭，1910年



## 乌龙潭

乌龙潭位于南京城西，原名清水大塘。因夹堤多杨柳，潭中多莲花，故称芙蓉池。又因潭中莲花皆白色，又有白莲池之名。相传晋代潭内有乌龙显现，乌龙潭由此得名。

唐代乾元年间，大书法家颜真卿任昇州刺史，驻节南京，曾经上书唐肃宗，奏请在全国设立81所放生池，乌龙潭就是其中之一的江宁放生池。

乌龙潭周围有清凉山（石头山）、盋山（钵山）、小仓山、蛇山环绕，湖光岚影，相映成趣，素有“西城之冠”、“小西湖”之美誉。明清以来，达官文人喜其环境清幽，纷纷在此营建园林别墅，如明朝金太守园、吴应箕吴氏园、张瑄张氏园、何栋如何太仆园、唐长史山水园、茅元仪寤园，以及清朝陶澍博山园、魏源小卷阿、薛时雨薛庐等。

20世纪80年代，乌龙潭辟为乌龙潭公园，主要景点有妙香阁、冷花厅、芙蕖斋、肥月亭、宛在亭、武侯祠、锁龙桥、放生庵等，另设有曹雪芹纪念馆、颜真卿纪念馆等。

乌龙潭

乌龙潭

白鹭洲公园



## 白鹭洲

位于南京城东南隅，现为白鹭洲公园。

明朝永乐年间，白鹭洲曾经是开国元勋中山王徐达家族的蔬圃，又称徐太傅园、徐中山园。天顺年间，在园内建有鹫峰寺，香火鼎盛。正德年间，徐达后裔徐天赐大兴土木，将该园扩建成当时南京“最大而雄爽”的园林，取名为东园，又称徐锦衣东园。明武宗南巡时，曾亲临该园赏景钓鱼。明朝文人王世贞、吴承恩等常于此雅集。

清朝时期，该园屋宇倾颓，花木凋谢，昔日风景，荡然无存。

民国年间，在修葺东园故址内的鹫峰寺时，发现墙内有一块镌有李白《登金陵凤凰台》的石刻。虽然李白诗句“三山半落青天外，二水中分白鹭洲”中的“白鹭洲”是指南京西南长江边的白鹭洲，但当时东园故址湖中有洲，洲边芦苇茂盛，秋日白鹭翔集，颇类长江边白鹭洲。居民以其地幽旷，筑草庐，设茶肆，所以东园又得名白鹭洲。1929年，改为白鹭洲公园。

白鹭洲公园

西家大塘与台城，朱偰摄于20世纪30年代



## 西家大塘

位于玄武湖西南、解放门北面。原名胥家大塘，因“胥”与“西”谐音，后来，“胥家大塘”讹变成“西家大塘”。

西家大塘在明朝晚期是万历举人、江宁乡贤胥自修的私家园林。面积有数十亩，冬夏不涸，环塘有田近百亩，池塘旁植杨柳，中种荷芰，水田村舍，仿佛世外桃源。清朝时，江宁蔡友石观察购为屋舍，名曰晚香山庄。民国年间，因西家大塘土沃水丰，成为艺菊花圃。

西家大塘现为居民区。

胡家花园



## 胡家花园

又名愚园、胡园。位于南京城西南隅，晚清金陵名园之一。最早为明中山王徐达后裔徐傅的别业，后易主为吴用光西园。乾隆以后，该园逐渐败落。同治年间，苏州知府胡恩燮辞官归里，购下西园故址，光绪初年构筑愚园，取“大巧若拙、大智若愚”之意。园中主体是水景，名愚湖。园内建有清远堂、春晖堂、水石居、无隐精舍、分荫轩、依琴拜石之斋、镜里芙蓉、寄安松颜馆、牧亭、城市山林、集韵轩、漱玉觅句廊、青山伴读之楼、愚湖、渡鹤桥、柳岸波光、养俟山庄、西圃、春睡轩、在水一方、鹿坪、延青阁、啸台、梅崦、界花桥、课耕草堂、容安小舍、秋水蒹葭之馆、竹坞、栖云阁、小沧浪、憩亭、小山佳处、岸窝诸胜，号称“南京狮子林”。其后多次被毁，仅存水池和部分遗迹。经有关部门花费数年时间重建，已于2016年5月1日对外开放。

中华门外刘园，1910年

## 刘园

位于中华门外。一名又来园。清朝上元（今南京）刘舒亭所筑。水石清幽，林木掩映。有刘公墩、凌波仙馆、云起楼、荼蘼廊、萦青阁、拥翠堂、豆花棚、罢钓湾诸胜，有“小桃园”之称。民国时期，修建京芜铁路，地被征收，园林无存。

秦淮河上文德桥



## 桥梁

南京地处江南丘陵，境内河流众多。仅就城区而言，著名的河流有秦淮河、金川河、杨吴城壕、进香河、惠民河以及明御河等。

有河必有桥。历史上南京城区的桥梁众多，著名的有朱雀桥、赛虹桥、七桥瓮、中和桥、武定桥、九龙桥、长干桥、石城桥、文德桥、淮青桥、玄津桥、竺桥、大中桥、逸仙桥、复成桥、内桥、北门桥、惠民桥、外五龙桥等。这些桥梁，有的用木头搭建，有的系石头砌筑，有的为钢筋建造。如今，大多数桥梁经过维修改造，得以保存下来，也有相当一部分桥梁，已经无踪可寻。

武定门内武定桥

通济门外九龙桥

中华门外长干桥

长干桥

中华门外窑湾街、芦席巷的小桥

汉中门外石城桥

西安门附近的玄津桥

玄津桥

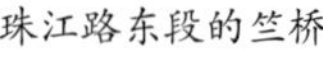

珠江路东段的竺桥

启闭自如
的下关惠民桥

# 叁　六朝石刻

南京为六朝古都。六朝时期，建康（今南京）作为政治、经济和文化的中心，既是统治者生前活跃的舞台，又是他们大多数人死后的归宿地。

六朝陵墓石刻（简称六朝石刻）是墓主身份、地位、权力和尊严的标志物。主要分布在南京、镇江两地,共有33处,南京境内有21处。在南京地区21处石刻中，属于帝陵的有宋武帝刘裕初宁陵、陈武帝陈霸先万安陵、陈文帝陈蒨永宁陵3处，属于王侯墓葬的有梁桂阳简王萧融墓、梁安成康王萧秀墓、梁始兴忠武王萧憺墓、梁吴平忠侯萧景墓、梁鄱阳忠烈王萧恢墓、梁临川靖惠王萧宏墓、梁南平元襄王萧伟墓、梁建安敏侯萧正立墓、梁新渝宽侯萧暎墓等18处。每一处石刻通常情况下为3种6件，它们在陵墓前面的排列顺序依次是石兽一对、石柱一对、石碑一对。

六朝石刻形体硕大，气势恢弘，雕琢精练，造型夸张，变形适度，富有想象力，以力量、运动、速度体现出一种宏伟庞大的气势之美，代表了六朝石刻艺术的最高成就，与同一时期的北方佛教石刻堪称南箕北斗，交相辉映，在中国雕塑艺术史上共同谱写了辉煌的新篇章。

1988年1月，六朝石刻以其特有的历史、科技和文化艺术价值跻身全国重点文物保护单位行列。

刘裕初宁陵石麒麟

## 宋武帝刘裕初宁陵石刻

位于江宁区麒麟镇麒麟铺村。现存石麒麟一，独角，角残；石天禄一，双角，四足残。初宁陵石麒麟和天禄是六朝陵墓中时代最早的神道石兽，也是现存唯一的一处刘宋时期的陵墓石兽。其造型凝重，作风古朴，纹饰简洁，显得朴拙而缺乏灵气，但却蕴积着雄骏豪迈的气势。

梁萧秀墓石刻



## 梁安成康王萧秀墓石刻

位于栖霞区栖霞镇新合村甘家巷。有石辟邪二；石柱二，一仅存柱座，一柱头已失；石碑四，二碑较完整，二碑仅存龟趺座。六朝陵墓石刻通常情况下为3种6件，它们在陵墓前面的排列顺序依次是石兽一对、石柱一对、石碑一对。梁安成康王萧秀墓为3种8件，其中墓碑有两对，堪称特例。

萧秀墓石刻

萧秀墓石刻

梁吴平忠侯萧景墓石兽



## 梁吴平忠侯萧景墓石刻

位于栖霞区栖霞镇十月村。有石辟邪二，一局部略残，一因残埋入地下；石柱一。

局部略残的石辟邪，造型威武雄壮，刚劲有力，豪迈疏朗，是南朝王侯墓葬石兽中的代表作。今天的南京东大门——中山门外的巨型青铜辟邪，就是仿照萧景墓辟邪铸造的，辟邪已经成为南京市民心目中的吉祥物。

石柱在现存六朝石柱中保存最为完好。通高6.5米，由柱头、柱身和柱座三部分构成。

梁吴平忠侯萧景墓神道石柱

梁吴平忠侯萧景墓神道石柱

梁萧恢墓辟邪

## 梁鄱阳忠烈王萧恢墓石刻

位于栖霞镇新合村甘家巷。有石辟邪二，略残。

梁萧恢墓辟邪

梁临川靖惠王萧宏墓神道石刻

## 梁临川靖惠王萧宏墓石刻

位于栖霞区尧化镇仙林农牧场张库村。有石辟邪二，一完好，一残碎；石柱二；石碑二，一完整，一仅存龟趺座。

梁临川靖惠王萧宏墓神道石刻

## 梁建安敏侯萧正立墓石刻

位于江宁区淳化镇刘家边。有石辟邪二、石柱二。

梁建安敏侯萧正立墓石柱

梁建安敏侯萧正立墓石兽

江宁区淳化镇宋墅村失名墓石柱



## 宋墅村失名梁代陵墓石刻

位于江宁区淳化镇宋墅村。现存石柱二，一仅存柱头，一柱头小辟邪已失。

陈武帝万安陵石兽

## 陈武帝陈霸先万安陵石刻

位于江宁区上坊镇石马冲。有石麒麟、石天禄各一。

疑似陈文帝永宁陵石兽



## 疑似陈文帝陈蒨永宁陵石刻

位于栖霞区新合村狮子冲。有麒麟和天禄各一，完好无缺。是南朝陵墓石刻中时代最晚的一处石兽。其造型灵动，矫健秀逸，纹饰华美，不仅张口露齿，而且其足跟着地，足趾翘起，足掌心朝前，给人“张牙舞爪”之感。蕴含着南朝卓越画家谢赫《画品》中提出的“六法”精髓，气韵生动，以形写神，形神兼备，具有典型的南方特色，是南朝陵墓神道石刻艺术的集大成者。

陈文帝永宁陵石兽，经考古发掘，证实是萧统墓陵墓石兽。

疑似陈文帝永宁陵石兽

# 肆 明都遗痕

在南京十朝故都中，明朝（1368—1644 年）与六朝、民国创造了南京历史上最为辉煌的篇章。

元朝至正十六年（1356 年），朱元璋领导的农民起义军攻取集庆路（今南京），改称应天府，朱元璋自称吴王，他采纳儒士朱升“高筑墙，广积粮，缓称王”的建议，积蓄力量，待机而发。1368 年，朱元璋在应天府称帝，并将应天府改称南京，建立大明王朝，这是南京第一次成为全国统一的政治、军事、经济、文化中心。明朝建国前后，朱元璋在南京建造了长达 35.267 公里的城墙，堪称世界第一大城。明城墙将六朝建康城、石头城，南唐金陵城，两宋江宁府城和建康府城，元朝集庆路城统统包入城内，使山水城林融为一体，形成了举世瞩目的城市景观。与此同时，朱元璋还在南京兴建了规模崇宏的明皇宫建筑群，北京明故宫就是仿此而建。永乐十九年（1421 年），朱元璋第四子、明成祖朱棣迁都北京，南京成为留都，又称南都、陪都。但体制未变，府部犹存，仍不失为南方政治、军事、经济和文化中心。

明初南京的城邑建设达到了南京城市建设的新高峰，今天南京城的基本格局，就是在明朝时期奠定的。

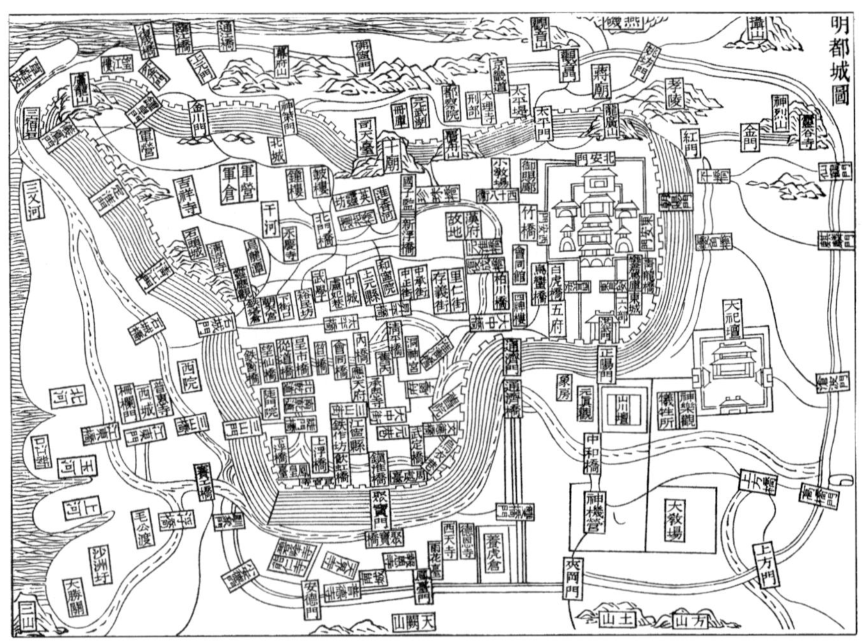


明都城图

## 南京城墙

南京城墙是明朝开国皇帝朱元璋于公元1366—1393年完成的一项重大工程。历时28年，有百万大众参与营造。南京城墙包括宫城、皇城、京城和外郭四重城垣，布局不同于中国古代都城传统的方形或矩形格局，而是依山傍水、因形随势而建。其中京城城墙，据明朝陈沂《金陵古今图考》记载：“东尽钟山之南冈，北据山控湖，西阻石头，南临聚宝，贯秦淮于内外。横缩屈曲，九十六里。”全长96里（35.267公里），建有城门13座、水关2座、屯兵窝铺200座、雉堞（又称墙垛、垛口）13616个。历经600年的沧桑岁月，南京城墙中宫城、皇城和外郭几乎损毁殆尽，唯独京城城墙依然保存有25.267公里，保存长度仍为世界第一。1988年，南京明城墙被列为全国重点文物保护单位。

意大利传教士利玛窦（1552—1610年）在《利玛窦中国札记》中对于明代南京是这样描述的：“第二重墙包围着包括皇宫在内的内墙，囊括了该城的大部分重要区域。它有十二座门（按：应为十三座门），门包以铁皮，门内有大炮守卫。这重高墙四周差不多有十八意大利里”，“论秀丽和雄伟……确实或许很少有其他城市可以与它匹敌或胜过它。它真正到处都是殿、庙、塔、桥，欧洲简直没有超过它们的类似建筑”。

我们今天所说的南京城墙（或者南京明城墙）指的就是南京京城城墙。

明城墙龙脖子段

明城墙前湖段

明故宫西安门



## 明故宫

明故宫（俗称皇宫）位于今天南京主城区东部、中山东路逸仙桥至中山门之间的南北两侧，由宫城和皇城构成。

宫城俗称紫禁城，又称大内，它是明朝南京城墙的核心，位于皇城的中部。由于是填燕雀湖而建，因此地势南高北低。宫城平面呈正方形，东西宽0.75公里，南北长0.95公里，周长3.4公里。辟有六门：南面三门分别为左掖门、午门、右掖门；其余三面各辟一门——东曰东华门，西曰西华门，北曰玄武门。周围有护城河环绕。宫城内分为前朝和后宫，这种建筑格局，不仅是明朝中都临濠（今安徽凤阳）宫城的范本，也是明清北京故宫的蓝本。

皇城环绕在宫城之外，北枕钟山支脉富贵山，南临秦淮河。东西宽2公里，南北长2.5公里，周长约9公里。平面呈"凸"字形。辟有六门：南面三门，分别为长安左门、洪武门、长安右门；东、西、北三面各一门——东为东安门，西为西安门，北为北安门。这六门分别与宫城的六个城门相对。明朝中都临濠以及后来的都城北京皇城均是模仿南京皇城而建。皇城现在仅有西安门保存下来。

从今日明故宫残存的午门、东华门、西安门遗址以及散落在皇宫旧址上的大量建筑遗迹，我们不难想象当年明朝宫殿的巍峨壮观。

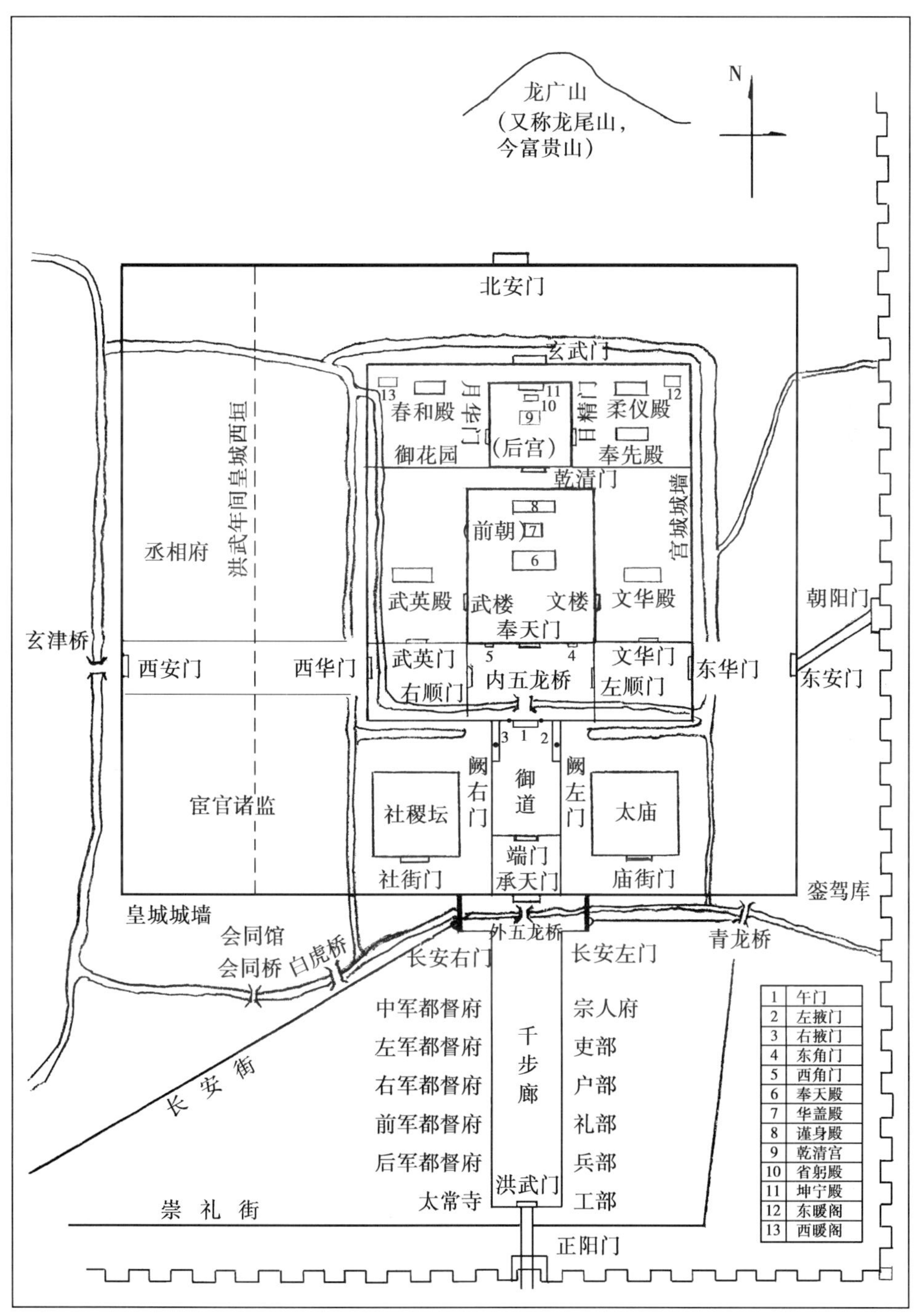


| 1 | 午门 |
|---|---|
| 2 | 左掖门 |
| 3 | 右掖门 |
| 4 | 东角门 |
| 5 | 西角门 |
| 6 | 奉天殿 |
| 7 | 华盖殿 |
| 8 | 谨身殿 |
| 9 | 乾清宫 |
| 10 | 省躬殿 |
| 11 | 坤宁殿 |
| 12 | 东暖阁 |
| 13 | 西暖阁 |

明朝皇城、都城复原图

宫城东华门遗址

明故宫东华门

明故宫午门

明故宫午门与内五龙桥

中华门鸟瞰（民国时期摄影）



## 城门

说起南京的城门，南京民间有“里十三、外十八”之说。其中“里十三”指的是京城城门，“外十八”指的是外郭的城门。

京城城墙依据地理形势和城市整体布局，在东西南北四面共辟有13座城门，每一座城门都建有规模大小不一的城门楼（又称镝楼、敌楼），有的还设有内瓮城或外瓮城。每座城门均设木质对开城门和上下启闭的闸门（俗称千斤闸）各一道。13座城门的具体分布情况是：南面是聚宝门、通济门、正阳门，东面是朝阳门，西面是三山门、石城门、清凉门、定淮门、仪凤门，北面是钟阜门、金川门、神策门、太平门。

明朝的13座城门中，除了石城门、三山门、聚宝门这三座城门分别沿袭了南唐都城的大西门、水西门和南门旧址外，其余的10座城门都是明朝时期建立的，城门上均砌有镝楼。历经600多年风雨，目前仅有聚宝门（今中华门）、石城门（今汉中门）、神策门（今和平门）、清凉门四座城门保存较好，其余均荡然无存。

聚宝门鸟瞰，1931年

## 中华门

明代称聚宝门，民间俗称为南门，1928年改名为中华门。地处南京城南交通咽喉，前临外秦淮河，后依内秦淮河，是南京城的南大门。

中华门系用巨型条石和城砖砌成，为南京古城墙十三个城门保存最好、规模最宏伟、设计最奇巧、结构最复杂的城门之一。平面呈长方形，有三座瓮城，四重城门，瓮城建在城内。聚宝门原本是单孔拱券门。1931年，为改善城南交通状况，南京市工务局以不破坏中华门为前提，在中华门东、西两侧增辟城门各一，分别命名为中华东门和中华西门，从而缓解了这里的交通压力，保护了聚宝门免遭拆除的厄运。

抗战期间，中华门饱受侵华日军炮火的蹂躏。1937年12月13日，中国守军与日军展开殊死搏斗，最后寡不敌众，日军首先攻破中华门，南京沦陷。中国守军在中华门保卫战中谱写了一曲壮丽的篇章。中华门城堡的镝楼毁于日军的炮火之中。

中华门外

1948年，南京中华门外

通济门俯瞰

## 通济门

位于南京城东南，外临护城河（今外秦淮河）。由三座瓮城、四重城门组成，瓮城建在城内，它和聚宝门、三山门（今水西门）同属明朝南京城墙中规格最高的三座城门。通济门不仅规格高，而且平面造型奇特，从空中俯瞰，宛如一艘扬帆远航的大船，停泊在外秦淮河畔。这种船形造型与临近东水关和外秦淮河有关。在南京乃至世界城墙史上，通济门堪称是独一无二的杰作。可惜的是，举世无双的通济门在1958年至1959年间被拆除，今天仅留有通济门地名。

在通济门外秦淮河与明城墙交汇处，设有一道水关，称东水关，又叫通济门水关、上水关。秦淮河由此入城。东水关设有闸门3道，前后2道为木闸门，中间设铁栅门以防潜水入城之敌。东水关内侧还设有33座瓮洞，分为3层（上面2层为藏兵洞），下层可通船通水。

通济门

东水关

光华门

## 光华门

明代称正阳门，位于南京城东南，在御道街的尽头。该城门为单孔券门，现已无存。它与宫城的正南门——午门、皇城的正南门——洪武门处在同一条中轴线上。

光华门

朝阳门（中山门），1888 年



## 中山门

原名朝阳门，在明朝南京城十三座城门中唯一的东大门。它有一个拱券门，城下设水关一座。当时它是连接明故宫和明孝陵两大禁区的通道，地位非同寻常。

清朝同治四年（1865 年），在城门外加砌月城（即瓮城）。

1928 年，国民政府改朝阳门为中山门，以表达对孙中山先生的纪念。

1937 年 12 月，日军进攻南京城时，中山门遭到日军的炮轰，部分损坏。12 月 13 日，南京沦陷。12 月 17 日，不可一世的侵略者竟然利用这座城门举行所谓的“入城式”，将自己永久地钉在了历史的耻辱柱上。

在朝阳门旧址上改建的中山门现已成为南京主城区的东大门。

中山门外瓮城

被日军炸塌的中山门

1937年12月17日，日军在南京中山门举行“入城式”

1939年中山门的岗哨

20世纪40年代初的中山门外

太平门旧影



## 太平门

位于城东北，为单孔券门，现已无存。它与玄武湖、紫金山相毗邻。1928年更名为自由门。

在南京各个城门外，都有护城河环绕，惟独太平门外没有，所以历来为兵家必争之地。1864年，清军炸开太平门东面龙脖子段城墙，攻入南京城，太平天国农民运动宣告失败；几乎与此同时，太平天国忠王李秀成保护幼天王从这个城门突围而出。1911年，徐绍桢指挥的江浙联军也是首先从这座城门进入南京，宣告南京光复，为孙中山在南京建立中华民国临时政府奠定了基础。

20世纪50年代，太平门被拆除，仅存“太平门”地名。2014年，有关部门复建了太平门通道。

神策门及外瓮城，20世纪30年代初摄



## 神策门

位于中央门立交桥东南角，玄武湖的西北角。清朝顺治十六年（1659年），为了庆贺击败兵临城下的郑成功，顺治皇帝下令将神策门更名为“得胜门”。民国定都南京后，因南京城门多含有迷信色彩，于1929年4月又将得胜门改名为“和平门”，这一名称一直沿用至今。20世纪30年代，美国亚细亚火油公司征用此地，将瓮城改成大型油库。后来日本人又在瓮城地下建起了油库，再后来又先后被国民党军队和中国人民解放军南京军区沿用为油库。也因为如此，神策门70余年来从未向公众开放，成为南京明城墙最神秘的一段。也正因为它一直是军事禁区，因此得以完整保存下来。

神策门瓮城设在城外，平面呈不规则的刀形，瓮城门开在东北角，不正对城门。这在明朝城门中是独一无二的特例。在神策门上，有一座清朝时建造的城楼（又称镝楼），这是目前南京明城墙上保存下来的唯一的一座城楼。

2004年10月1日，以神策门为中心兴建的神策门遗址公园正式对外开放。

金川门

## 金川门

位于南京城西北角，坐南向北，该城门为单孔券门，现已无存。因金川河由此出城（旧有金川门涵洞），故名。

明末，金川门曾一度封闭。清朝光绪二十五年（1899年），南京辟为商埠，中外商人纷至沓来。随着沪宁铁路和津浦铁路的相继建成通车，下关地区成为水陆交通枢纽，商业日渐繁荣。光绪三十三年（1907年），两江总督端方上奏清政府，请求修建南京市内铁路，以沟通下关招商轮船码头（今南京港客运码头）与南京城南繁华地区的交通。经批准后，于当年十月破土动工，次年十二月建成。宣统元年（1909年）一月，全线通车，取名为“宁省铁路”。俗称“小铁路”或“小火车”。“宁省铁路”起自下关江边，跨惠民河，由金川门入城，到中正街（今白下路）止。“宁省铁路”的开通，极大地改变了南京城南北的交通状况，对于南京商埠的繁荣与发展起到了促进作用。

20世纪30年代，金川门曾改名“三民门”。20世纪50年代，金川门被拆除。

仪凤门

## 仪凤门

位于南京城西北角的狮子山南麓与绣球山之间，是南京城出入江边的重要通道。1928年，南京国民政府嫌其含有迷信色彩，改仪凤门为兴中门（意为振兴中华）。

该城门为单孔券门，坐东向西。明成祖朱棣迁都北京后，仪凤门曾被封堵达200年。晚清时期，两江总督张之洞主持修建以总督衙门为中心的“江宁马路”，向北即从仪凤门出城至下关。1945年，日本战败投降后，国民政府在兴中门外建起了南京市日侨集中营管理所，收容了大批等待遣返回国的日侨。

1958年至1959年，兴中门在“大跃进”运动中被拆除。2005年6月，在城门原址上重建城门一座，新建的城门为三孔券门，巍峨壮观，但已非旧貌。

1945年10月，兴中门外的日侨集中营管理所

1945年10月，南京市日侨集中营管理所

水西门一带

## 水西门

明朝时称三山门，又称龙光门。位于南京城西南，外临护城河（今外秦淮河）。原为南唐都城的水西门，洪武十九年（1386年）重建，改称三山门。现已无存。水西门由三座瓮城组成，瓮城建在城内，平面呈长方形。

水西门城门下设水关一座，称西水关（又叫水西门水关、下水关），水关设有闸门3道，前后2道为木闸门，中间设铁栅门以防潜水入城之敌。内秦淮河水由此出城，汇入城外的护城河中。

1853年3月19日，太平军攻占南京城，3月29日，天王洪秀全从水西门入城，直入两江总督府，改名为天朝宫殿，将南京改名为天京，建立太平天国农民政权。

水西门，1938年

水西门，1939年

挹江门



## 挹江门

位于仪凤门与定淮门之间。据《新京备乘》记载，1913年，韩国钧就任江苏省民政厅长，为开辟新的街市，繁荣下关码头岸线，在仪凤门以南新开城门一座，为单孔券门。韩国钧是江苏泰州人，泰州原名海陵，故名海陵门。

1928年，国民政府为迎接孙中山先生灵柩奉安中山陵，建造中山大道，将海陵门改筑成三孔券门，取名为挹江门。

1937年12月，日军占领南京后，挹江门被炮火打得千疮百孔，敌楼被毁，城门前到处是成堆的尸体。

1946年，国民政府还都南京后，曾经一度将挹江门改名凯旋门，以庆祝抗战胜利。同时，将门楼修葺一新。但很快又恢复挹江门原名。

民国年间的挹江门是由下关进入南京城的交通咽喉，对南京下关街市的形成起到了重要作用。

1948年的挹江门

挹江门

1939年的汉中门



## 汉中门

位于明代所建清凉门与石城门之间。建于1931年，因位于汉中路最西端，故名汉中门。该城门为单孔，20世纪50年代拆除。

民国时期开辟的雨花门

## 雨花门

位于中华门与武定门之间。1935年5月，随着江南铁路宁芜段的竣工通车，为了使南京市内小火车与江南铁路连接起来，1936年3月开辟此门。该城门为单孔券门，20世纪50年代拆除。

# 伍 民国官府

建筑是凝固的历史。“当歌曲和传说已经缄默的时候，还有建筑在说话。”（果戈里语）

在中国近代史上，南京作为中华民国的首都，集荣辱浮沉于一身，融欢笑泪水于一体。自1912至1949年的民国38年间，南京风云际会，冠盖云集，各类建筑星罗棋布。这些建筑在为时人提供活动舞台的同时，又因人类的活动而充满生机和活力。目前南京现存的约900处1500多座民国建筑，具有历史、科技、艺术多方面的价值，从某种意义上来说，它们不仅是城市的躯体，也是城市的灵魂；不仅是社会发展的标志，也是历史的见证物，更是南京的一张特有的文化名片。

在中国建筑史上，民国时期正处于承上启下、中西交汇、南北交融、新旧交替的过渡时期，经历了由模仿（或称作照搬照抄）到洋为中用（或称作融会创新）的发展历程，南京现存的民国建筑品位高、门类全、数量多，极具典型性、独创性和代表性。

透过一幢幢民国建筑，我们不难感受到民国社会的风云变幻，领略到民国人物的别样风采。

1929年奉安大典时的中央党部

## 中央党部

位于湖南路丁家桥，原为江苏咨议局。这是一座法国宫殿式建筑，无论造型还是结构，都新颖别致。1912年1月28日，参与武昌起义的各省派代表聚集于此，成立南京临时参议院，举林森为议长。通过投票，选举孙中山为中华民国临时大总统。1927年后，这里成为国民党中央党部办公场所。1929年孙中山灵柩奉安南京，曾停灵于此供瞻仰。

中央党部

中央党部

中央党部大礼堂

华侨招待所曾经一度为中央党部所在地

国民党中央监察委员会



## 国民党中央监察委员会

位于中山东路313号。三开门牌楼式大门，三楹四柱；庑殿顶，钢混结构。大殿为仿明代宫殿式，主楼二层，重檐歇山顶大屋顶，上覆绿色琉璃瓦。中央监察委员会为国民党最高监察机关，主要职能是监察和查处各地级党部、党员的违纪等事宜。该机构原先在中央党部办公，后择明故宫文华殿遗址新建。由建筑师杨廷宝设计，1936年12月由馥记营造厂承建，次年2月竣工。

国民党中央党史资料委员会



## 国民党中央党史史料陈列馆

中国国民党中央党史史料编纂委员会（又称中央党史史料陈列馆）位于中山东路309号，现为中国第二历史档案馆馆舍。中国国民党中央党史史料编纂委员会设立于1929年，其主要任务是总结国民党的历史。1935年春在明故宫西宫遗址上营建新会址，由杨廷宝设计，1936年初建成。1991年，被国家建设部、国家文物局评为近代优秀建筑，现为全国重点文物保护单位。

日占期间的国民党中央党史史料陈列馆一度成为经理总监部

国民党中央党史史料陈列馆在南京沦陷期间成为汪伪绥靖军官学校附属校舍

20世纪30年代的国民政府



## 国民政府

国民政府（总统府）位于长江路292号，原是两江总督署。1927年4月，蒋介石在南京成立国民政府，先后由谭延闿、蒋介石、林森任主席。1937年，国民政府西迁至陪都重庆。1946年5月还都南京，仍以原址为办公处。1948年5月，国民党召开“行宪国大”，国民政府主席蒋介石当选为中华民国总统，国民政府遂改称为总统府，直至1949年4月23日。

国民政府门楼

日本侵略者扶植下的傀儡政权——中华民国维新政府成立典礼

日占时期的国民政府

1948年5月的总统府

中国人民解放军占领南京

中央第一会议厅（即国民政府大礼堂）

## 五 院

1927 年 4 月，南京国民政府成立后，实行行政、立法、司法、考试和监察“五院”制，五院自 1928 年 10 月相继成立。行政院是最高行政机关，初设国府后街宗老爷巷，抗战时内迁，还都后迁至中山北路铁道部旧址。立法院为最高立法机关，掌议决法律案、预算案等重要国家事务之权。初设斛斗巷，后迁至中山北路 261 号法官训练所（今军人俱乐部）。司法院为最高司法机关，掌民事、刑事等审判等。院址在原中山路 269 号（今 251 号南京供电公司所在地）。考试院为最高考试机关，掌管国家公务员之一切要务。院址在鸡鸣寺前试院路 1 号（今北京东路 41 号）。监察院是最高监察机关，行使弹劾、审计等权。院址初设复成桥东的公园路（今辟为龙蟠中路），抗战时西迁，胜利后复原，迁至今中山北路 105 号办公。

20世纪30年代，总统府东侧的行政院大门

行政院（汪伪时期成为铁道部、交通部）

位于中山北路的行政院

立法院

立法院

司法院、
司法行政部

司法院、
司法行政部

最高法院

考试院大门

考试院背影

监察院

监察院

## 十五部

1928年10月，行政院成立，依据其组织法，设部、委、局、处分掌行政职权，最初有内政、外交、军政、财政、教育、交通、铁道、农矿、工商、卫生10部及建设、蒙藏、侨务、劳工、禁烟5个委员会和1局。1943年3月裁并为8部、2个委员会。1948年5月“行宪”后，改设15部及新闻局和资源、蒙藏、侨务3个委员会。各部委分署办公。

内政部

外交部

外交部鸟瞰

外交部

军政部

教育部

交通部

交通部

交通部

交通部大礼堂

铁道部

铁道部

卫生部

实业部

励志社大门，1936年4月



## 励志社

国民党励志社总社（简称励志社）位于中山东路307号，其前身是创立于1929年的黄埔同学会励志社，它是蒋介石模仿日本军队中的“偕行社”组织亲手创办的，社长由蒋介石兼任。原社址在黄埔路中央陆军军官学校内，1931年迁到现址办公。励志社的三幢宫殿式建筑建于1929年至1931年间，呈“品”字形分布，由西向东分别是大礼堂、1号楼、3号楼。其内部设施齐全，有多功能礼堂、剧院、办公室、餐厅、浴室、宾馆式客房和理发室等，还有网球场、手球场、排球场、田径运动场、跑马场等。励志社建成后，成为蒋介石、宋美龄以及国民政府要员的休闲、娱乐场所。

励志社

1934年，在励志社大操场，南京市小学联合运动会大会操表演

励志社在南京沦陷期间一度成为汪伪绥靖军官学校

抗战胜利后，励志社大礼堂成为国防部审判战犯军事法庭所在地

国民大会堂外观

## 国民大会堂

国民大会堂（今人民大会堂）坐落在长江路264号（前林森路），坐北朝南，钢骨水泥结构，正面呈凸型，内厅走廊宽畅，厅顶呈拱型，外墙体为斩假石。国民大会堂由上海陆根记营造厂承建，1936年5月5日竣工。

国民大会堂

国民大会堂，行宪国民大会会场

国民大会堂附近的“国民大会”牌坊

国民大会堂

国立美术陈列馆



## 国立美术陈列馆

国立美术陈列馆坐落在长江路266号，现为江苏省美术馆。1935年11月29日奠基，次年竣工。大楼立面呈“凸”字形，钢混结构，主体四层，两翼三层，左右对称。陈列馆设计既有西方现代建筑风格，又有中国传统建筑特色，是新民族形式建筑的代表作之一。由公利工程公司建筑师奚福泉设计，南京营造业“四大金刚”之一的陆根记营造厂承建，建筑师李宗侃负责监造。被评为近现代优秀建筑，全国重点文物保护单位。

中央研究院总办事处

## 中央研究院

北京东路39号（原鸡鸣寺1号）是中央研究院总办事处以及地质研究所、历史语言研究所和社会科学研究所所在地。国立中央研究院是民国最高学术研究机构，直隶于国民政府。1928年6月成立，首任院长蔡元培。下设行政、研究、评议三个机构，其任务主要有两方面：一是实行科学研究；二是指导、联络、奖励学术研究。至1937年抗战时，已设立物理、化学、工程、地质、天文、气象、历史语言、心理、社会科学及动植物等十个研究所。抗战胜利后，数学、物理、化学、动物、植物、医学、工学、心理学八个研究所暂设上海，总办事处及天文、地质、气象、历史语言、社会科学研究所设于南京。

中央研究院第一届院士会议结束后，院士们陆续步出大门

紫金山天文台

## 紫金山天文台

国立紫金山天文台设于风景秀丽的紫金山第三峰天堡峰，又名国立第一天文台，俗称紫金山天文台。始建于1931年5月，1934年9月全部工程完工，历时近4年。

紫金山天文台占地47亩，建筑物有天文台本部、子午仪室、赤道仪室、变星仪室、职员宿舍、所长宿舍等。天文台的建筑均用红砖水泥砌筑，外墙包以虎皮石头，整个建筑群朴实厚重，与山石浑然一体。

紫金山天文台的建成标志着我国现代天文学研究的开始。中国现代天文学的许多分支学科和天文台站大多从这里诞生、组建和发展。由于她在中国天文事业建立与发展中作出的特殊贡献，被誉为“中国现代天文学的摇篮”。

紫金山天文台

日军占领紫金山天文台

1936年的南京管理中英庚款董事会

## 管理中英庚款董事会

管理中英庚款董事会位于山西路124号，现为鼓楼区人民政府所在地。中英庚款董事会是专门负责办理中国学生前往英国留学事宜的机构。其办公楼由杨廷宝设计，1934年建造。办公楼为两层中廊式建筑，底层为秘书、会客及杂务用房；二层为正、副董事长室和会议室等，阁楼作贮藏用。办公楼为房殿四坡顶，上铺褐色琉璃瓦，外墙贴棕色面砖，大楼入口简洁朴实。

1936年的首都反省院



## 首都反省院

1929年12月，国民政府立法院通过并颁布《反省院组织条例》，据此，一些省市设立了“反省院”或“感化院”。首都反省院位于晓庄，虽隶属于最高法院，实为国民党中央党部直接操纵的特殊监狱，实行对政治犯的非法审讯和拘押，主要关押共产党员，其目的是让他们放弃革命主张。首都反省院有土地100亩，设有农场和窑厂作为反省人员劳动场所，日常关押300余人。1946年，司法行政部将首都反省院划归首都监狱。

## 大使馆

1927年南京国民政府成立后，先后与美国等国建立外交关系，一批使馆落户首都南京。美国大使馆位于西康路33号（原西康路18号），苏联大使馆租用的是大方巷56号田聚兴寓所、扬州路18号（原34号）童季龄寓所和颐和路29号王青莲寓所等几处为办公用房，日本大使馆则位于北京西路1号、3号。

美国大使馆

1948年12月，海军陆战队守卫下的美国大使馆

苏联大使馆

日本大使馆

日本大使馆

民国时期的南京市政府



## 南京市政府

民国南京地方行政机构，位于夫子庙贡院内。1927年国民政府定都南京后，设南京为特别市。1930年又改为直辖市，辖外郭以内及浦口之商埠区域，面积为478平方公里。

南京市政府

解放军接管
南京市政府

憩庐

## 蒋介石官邸

憩庐即蒋介石黄埔路官邸，现位于南京军区司令部内。1929年7月12日开工，同年10月14日落成，为一座二层西式洋楼。洋楼的外墙为红色，坐北朝南。一楼的东侧是蒋介石的会客室，中间是一大餐厅。西侧是一间小会客室。官邸楼上西侧是书房，东侧是一间大卧室。卧室的外面也有一间客厅，专门会见内亲。卧室的东面是一个大平台。蒋介石宋美龄夫妇搬入后，一直住到1949年。

小红山官邸位于中山门外小红山上。建于1931年冬，为中西合璧宫殿式建筑，作为国民政府政要谒陵时过往休憩之用。后翻修为别墅，楼内二层东侧为蒋介石、宋美龄夫妇居住室，并将楼中原来的会客厅改作凯歌堂，供蒋介石夫妇及政要中的基督徒来此礼拜，故此处又称为“总统官邸”或“美龄宫”。

憩庐被日军占领

小红山官邸

小红山官邸凯歌堂

小红山官邸

汪精卫公馆，1940年

## 汪精卫官邸

汪精卫官邸位于颐和路34号（现为西康路46号、颐和路38号），这里原是褚民谊的官邸。该公馆建于1936年，占地面积1543平方米，内有西式楼房一幢，西式平房十间，车库两间，总建筑面积1218.2平方米。其中主楼高三层，钢混结构，外观富丽堂皇。主楼底层有会客室、办公室；二楼中间是一间大会客室，四周有四间卧室；三楼是卧室。汪精卫夫妇一直居住在这里。抗战胜利后，汪公馆作为“逆产”由国民党战地服务团接收。因其距离西康路33号（原为西康路18号）美国大使馆仅数步之遥，被改作美军军官俱乐部。

# 陆 科场学堂

南京城南秦淮河北岸的江南贡院，是中国古代最大的乡试考场，鼎盛时期，自江苏、安徽、江西来这里参加考试的考生人数多达2万人以上。清朝末年，在西方文化的冲击下，光绪三十一年(1905年),清廷宣布自次年起,废除所有的乡试、会试，延续1300多年的科举制度走到终点。

在清廷宣布废除科举制度前后，各地新式学堂如雨后春笋，蓬勃兴起。南京作为江南重镇，清政权和西方教会相继在这里创办了许多官办学校和教会学校，既有高等学府，也有中等学校和小学。如三江师范学堂、南京方言学堂、蚕桑学堂、两江法政学堂、江南实业学堂、暨南学堂、江南水师学堂、江南陆师学堂以及汇文书院、基督书院、汇文女子书院、金陵大学、金陵女子大学等。

民国建立后，尤其是1927年国民政府定都南京后，在清朝学堂的基础上，南京的学校数量增加，种类增多，档次提高，许多学校，如河海工程专门学校、国立中央大学、国立中央政治学校、国立戏剧专科学校、中央陆军军官学校、国民革命军遗族学校等在全国首屈一指，培养了一大批学有所长的专业人才。

江南贡院明远楼



## 江南贡院

江南贡院，又称南京贡院、建康贡院。位于南京城南秦淮河北岸，毗邻夫子庙。始建于南宋孝宗乾道四年（1168年），由建康知府史正志创建，起初为县学、府学考试场所。明太祖朱元璋定都南京后，这里成为乡试、会试之地。在清代江南贡院为江苏、安徽、江西三省学子参加乡试的场所，也是中国古代最大的科举考场；鼎盛时期，拥有考试号舍20644间。有清一代，112科（名）状元中，经江南贡院乡试中举后，再到北京参加殿试考中状元者共61名，其中江苏籍49名，占整个清代状元的43.75%，位列榜首；安徽籍9名，位列第三；江西籍3名。唐伯虎、郑板桥、吴敬梓、袁枚、方苞、邓廷桢、张謇、陈独秀等皆曾在这里参加乡试。

光绪三十二年（1906年），乡试终止。1919年，拆除贡院，仅留下明远楼、衡鉴堂和部分号舍，其余部分辟为市场。

1927年，国民政府定都南京后，江南贡院成为南京特别市政府（又称首都市政府）所在地。

江南贡院号舍

江南贡院号舍

江南贡院号舍（20世纪10年代）

江南贡院号舍

江南贡院号舍

江南水师学堂阅兵，1900年



## 江南水师学堂

又称南洋水师学堂、江宁水师学堂，位于中山北路346号。光绪十六年（1890年）开设，校址在南京下关挹江门外，主要为南洋水师输送人才。学堂内开设驾驶、管轮、鱼雷3个班，每期学员120名左右，教员大多为英国人。课程有英语、天文、海道、御风、布阵、修造、汽机、演放水雷等。全程学习共6至7年，毕业生择优送英国留学。至清末，江南水师学堂毕业生计驾驶班7届107人，管轮班6届91人，鱼雷班（由江南鱼雷学堂并入）5届13人。毕业生中著名人物有中华民国海军总长林建章、黄花岗起义领袖赵声、海军舰队司令陈季良、海军部部长陈绍宽等人。另外，周树人（鲁迅）、周作人兄弟也曾在江南水师学堂就读。

1912年中华民国成立后，江南水师学堂停办，改为海军部的办公地，后又成为海军军官学校、国民政府海军部、海军司令部等单位驻地。

江南陆师学堂，1897年

## 江南陆师学堂

清朝光绪二十二年（1896年），由两江总督张之洞奏请创办。校址位于南京城北三牌楼（今南京中山北路283号大院及南京师范大学附属中学一带）。占地面积约30亩，建有中式房屋230间，西式房屋15间。学堂招收学员年龄在13至20岁之间，要求文理通顺，能知大义。学额150名，分马队、步队、炮队、工程队各门，各门约以两年为期，两年后再令学习炮法一年，又须略习德国语言文字，以使探讨图籍，大约通以三年为期。讲授的课程有兵法、行阵、地利、测量、绘图、算术、营垒、桥路以及马队、步队、炮队兵种阵法。学堂聘请德国人骆博凯为总教习（相当于主管培训业务的校长），钱德培、俞明震等人先后担任总办（校长）。江南陆师学堂共开办四期，自第二期起，附设矿路学堂。辛亥革命元勋赵声、抗日爱国将领方振武等人曾就学于江南陆师学堂；著名文学家鲁迅曾就读于附设的矿路学堂，并以优秀的成绩获得官费赴日留学。

陆军小学堂，1910年



## 陆军小学堂

位于小营。光绪年间，清朝政府在各省设立新式陆军学堂，包括小学堂、中学堂、大学堂等。各省陆军小学堂大多于光绪三十一年（1905年）至三十二年间开办。办学宗旨是："一切教育，以忠君爱国为本原，德育、体育为基址，振尚武之精神，汰叫嚣之陋习。"学制三年，每所学堂定额为90—300名不等，年龄为15—18岁之间（武备学堂挑选的可在20岁以下）。各小学堂定额分三年招足，即每年招定额的三分之一，分为第一、二、三班，新生为三班，每年提升一班。这些小学堂多为武备学堂改建而成。

金陵大学堂

## 金陵大学

坐落在鼓楼区汉口路22号，现为南京大学。

金陵大学是美国教会在中国创办的十三所大学中建造时间较早、规模较大的一所学校，也是南京最早的一座教会学校。

1888年，美国基督教美以美会传教士傅罗在干河沿创办汇文书院，首任院长是美国人福开森（J.C.Ferguson），始设文科，学生仅15人。1910年，美国传教士创办的汇文书院与宏育书院合并，取名金陵大学堂，俗称金陵大学，美国人包文（A.T.Bown）任校长，仍以干河沿汇文书院为校址。

金陵大学成立后不久，美国教会募集资金在鼓楼西南坡购地2340亩，兴建新的校舍。全部工程由美国芝加哥帕金斯建筑事务所（Perkins Fellows & Hamilton Architects , Chicago, U.S.A）设计。1914年，校长包文从美国请来建筑师司莫尔（A.G.Smal），司莫尔担任现场工程监督、现场建筑师以及工程师。建筑材料除了屋顶的琉璃瓦和基本土木外，都从外国进口。1916—1921年间，第一批新校舍建成，金陵大学师生由汇文书院原址迁入。此后又陆续兴建了一批新校舍，至1926年，学校已形成一定的规模。

金陵大学具有代表性的建筑有北大楼、东大楼、西大楼、东北大楼、礼拜堂、图书馆和学生宿舍等十余幢建筑。这些建筑物一律都是青砖墙面，歇山顶，上覆灰色筒瓦，建筑造型严谨对称，进深较大，窗户较小，显得封闭稳重，体现了中国北方官式建筑的特征。整个金陵大学建筑群中西合璧，美轮美奂，宏伟壮观。1928年，女作家袁昌英参观了金陵大学后，撰写了《游新都后的感想》一文，对于金陵大学建筑"采用中西合璧办法"有这一段评价，颇值得玩味："这里不是明明白白站着一个着西服的西洋男子，头上却戴上一顶中国式的青缎瓜皮小帽吗？一点儿也不错，它令人好笑的是它那帽子与衣服格格不入的样子。中西合璧办法用在女子金陵大学上面则高尚自然，别致幽雅，在男子金陵大学上则发生这种离奇的印象，是亦幸与不幸，工与不工之分而已啊！"



金陵大学，1920年

金陵大学校门，19世纪40年代末

1947年初，抗议美军暴行时的金陵大学主大门

金陵大学

金陵大学校园

金陵大学北大楼

金陵大学东大楼

金陵大学大礼堂

金陵女子大学（绣花巷）校门，1918年



## 金陵女子大学

金陵女子大学（1930年更名为金陵女子文理学院）位于宁海路122号，现为南京师范大学。它由美国多个教会联合创办，第一任校长为北长老会代表劳伦斯·德本康夫人。1915年春，德本康夫人租赁南京明故宫附近绣花巷李氏宅院作为金女大临时校址。这处宅院有100多个房间，宅院内还有很大一片花园菜地。就这样，中国第一所女子大学诞生了。

1915年9月17日，金女大正式开学，学制4年，设文、理两科。当时只有11名学生，6名教职员。1919年，首届金女大毕业生共5人，她们是最早在中国大学里获得学士学位的女大学生。

1919年，德本康夫人回美国筹集资金。1921年，金女大得到了美国各教会提供的60万美元经费，于是在宁海路一带购置160亩土地，开始了建校工作。

金陵女子大学校舍由美国著名建筑师墨菲（Henry  Killsam. Murphy, 1877—1954年）

20世纪30年代的金陵女子文理学院校门



和中国著名建筑师吕彦直共同设计，陈明记营造厂承建，1922年开工建设，1923年建成6幢宫殿式的建筑，分别是会议楼（100号楼）、科学馆（200号楼）、文学馆（300号楼）及3幢学生宿舍（400号楼、500号楼、600号楼）。1924年，又建成了1幢学生宿舍（700号楼）。1934年，又建成了图书馆和大礼堂。整个校园建筑充分利用自然地形，按照东西向的轴线布置，布局工整，平面对称。这些建筑物以宽阔的大草坪为中心，造型均是中国传统宫殿式建筑风格，而建筑材料和结构则采用了西方先进的钢筋混凝土结构，建筑物之间以中国古典式外廊相连接，中西方建筑风格在这里达到了有机的统一。1928年，女作家袁昌英游历南京后所撰《游新都后的感想》一文中，对于金陵女子大学建筑群赞美有加："女子金陵大学的中西合璧式的构造立在绿叶浓荫的花园茂林中，真是巍然一座宫殿，俨然一所世外桃源的仙居。它的外貌的形式美，是它那红、黑、灰各种颜色的配合的得法；是它那支干的匀称，位置的合宜；是它那中国曲线建筑的飘逸潇洒的气质战胜了西洋直线的笨重气概。"

金陵女子大学校园

金陵女子大学文学馆

金陵女子大学校园

金陵女子大学宿舍

金陵女子大学礼拜堂内景

金陵女子大学图书馆

金陵女子大学校舍

金陵女子大学校舍内景

金陵女子大学的学生在跳舞，1915年

金陵女子大学学生毕业照，1922年

1934年，蒋介石、宋美龄在金陵女子文理学院与校长吴贻芳（左二）合影

1947年，金陵女子文理学院毕业典礼

国立中央大学大门

## 国立中央大学

国立中央大学本部位于四牌楼2号，设有文学院、理学院、法学院、工学院和教育学院；丁家桥分部设有医学院和农学院。

国立中央大学的前身是三江师范学堂，由清朝署理两江总督张之洞于1902年创办。不久，一分为二，分别改名为两江师范学堂和南京高等师范学校。1919年，著名教育家郭秉文接任南京高等师范学校校长一职后，于1921年创建国立东南大学，它是南京最早的国立综合性大学。1927年后，国立东南大学改名为第四中山大学。1928年2月，更名为江苏大学；同年5月23日，改名为国立中央大学。

1937年，日军占领南京后，民国最高学府国立中央大学被日军山本信部队用作陆军医院，学校大门口悬挂上写有“ひゃうどうぶだい”和“山本信部队”的日文招牌。大礼堂顶部被涂抹上巨大的白底红十字，成为该部队的总部所在地。教室内放满了日式榻榻米病床。学校大门口有日军警卫站岗。昔日莘莘学子荟萃之地，沦落为侵略军治病疗伤之所。1945年，抗战胜利后，国立中央大学校舍基本没有遭到破坏，只是校舍内的办公、教学用具荡然无存。1946年，学校师生回校复课。

1949年，南京解放后，国立中央大学改名为国立南京大学。1952年院系调整时，更名为南京工学院。1988年，恢复东南大学旧名。

中央大学图书馆

中央大学大礼堂

国立戏剧专科学校大门



## 国立戏剧专科学校

原名“国立戏剧学校”，又称“南京国立戏剧专科学校”，是我国第一所戏剧专科学校。1935年秋创建于南京，由国民党中央宣传部与教育部合办，聘著名戏剧教育家余上沅任剧校校长。是中国当时的戏剧最高学府。校址设在南京鼓楼东南的薛家巷。

该校以“研究戏剧艺术，培养戏剧人才”为办学宗旨。所聘教授皆为戏剧界有名望的专家，应云卫、马彦祥、陈白尘、陈治策、曹禺、杨村彬、洪深、黄左临等。

1937年抗日战争爆发后，该校迁至长沙，翌年春转迁重庆，隶属国民政府教育部高等

国立戏剧专科学校的师生在跳交谊舞



教育司。1939年迁往四川江安，1940年夏改名为“国立戏剧专科学校”，1945年夏复迁重庆。抗战胜利后，1946年秋，学校迁回南京原址复课。1949年后，剧专与原华北大学艺校、东北鲁艺学院合并组成中央戏剧学院。

该校在办学的14年中，培养戏剧人才1000余名，为中国戏剧影视业培养了一大批艺术精英。

国民革命军遗族学校



## 国民革命军遗族学校

1928年11月，国民党中央常务委员会通过决议，决定在南京紫金山南麓的中山陵附近，创办一所革命烈士子弟学校，专门收容北伐战争中阵亡将士的子女和辛亥革命烈士后代，由国家统一培养教育，以告慰先烈的在天之灵。校名定为“国民革命军遗族学校”。宋庆龄、宋美龄先后担任校长。

遗族学校校园占地面积512亩，1929年2月14日开工建设，同年9月竣工。校舍建筑以朴实、实用、牢固为原则，基本上都是中式平房，也有仿金陵大学宫殿式大屋架结构的建筑。校门为中国传统的牌楼式样，正面为国民政府行政院院长谭延闿题写的校名；背

面是蒋介石亲笔题写的“亲爱精诚”四个大字。遗族学校不仅设有小学部,还设有中学部。

遗族学校以孙中山先生的遗训“双手万能,手脑并用”为办学方针,注重培养学生热爱劳动的习惯。宋庆龄、宋美龄常到学校看望学生。

1937年,南京沦陷后,遗族学校暂时关闭,八年抗战中校舍基本保存完好。抗战胜利后,国民政府对遗族学校校舍进行了修葺,1946年秋天重新开学。校本部为男校,女校则设在苏州。1949年,南京解放前夕,遗族学校停办。遗族学校旧址现为中国人民解放军南京军区政治部文工团(又叫前线文工团)和钟山文化产业创意园(原南京手表厂)。

国民革命军遗族学校大门

1948年，国民革命军遗族学校的学生打篮球

汇文书院，约1910年



## 教会学校

鸦片战争后，来到南京的西方传教士日益增多，中国的信教者日众。传教士们在南京一边建造教堂，进行布道；一边创办医院、学校，从事各种慈善事业，以赢得中国人的好感。美国教会在南京陆续创办了汇文书院、基督书院、益智书院、宏育书院、基督女书院、汇文女子书院、华言学堂，以及金陵大学、金陵女子大学等。

汇文书院（Nanking University），美国传教士傅罗创办，1888 年成立；1910 年，宏育书院并入汇文书院，成立金陵大学堂（俗称金陵大学），原汇文书院的中学堂遂改称为金陵大学附属中学，简称金大附中、金陵中学。

基督书院（Christian College），美国传教士美在中创办，1891 年创立。

益智书院（Presbyterian Academy），美国传教士贺子夏创办，1894 年创立。

宏育书院（Union Christian College），1906 年由基督书院和益智书院合并而成，1910 年并入汇文书院。

基督女书院（Christian Girls School），美国传教士赖瑛创办，1896 年成立；1900 年，更名为基督女子中学；1927 年，发展成为中华女子中学。

汇文女子书院（Nanking Girls School），美国传教士沙德纳创办，1896 年成立；民国年间，发展成为汇文女子中学。

华言学堂(Nanking Language School)，1912 年成立，1917 年发展成为金陵大学华言科，专门培养传教士的汉语能力。

金陵大学、金陵女子大学有另文介绍，此不赘述。

民国时期的汇文书院

清末基督书院(金陵大学前身之一)

基督女书院

1921年的南京华言学堂

1917—1919年的南京华言学堂

# 柒 陵墓魅影

南京作为六朝古都、十朝故都，五方杂处，人文荟萃。南京在成就世人梦想的同时，也往往成为人们灵魂永久的栖息地。

自吴大帝孙权去世后葬在南京梅花山开始，东晋南朝的帝王将相相继葬在南京及其周边地区。南唐定都金陵，先主李昪、中主李璟去世后，便埋葬在江宁区的祖堂山，号称“南唐二陵”。南宋时期，南京作为留都，地位仅次于杭州，一些官僚贵族死后也葬在南京。明朝定都南京后，开国皇帝朱元璋选定钟山独龙阜为其墓地，建起了恢弘壮观的明孝陵；一批开国功臣先后被赐葬在钟山、邓府山等地。民国时期，临时大总统孙中山先生去世后，国民党遵照其遗嘱，将其安葬在中山陵；此后，国民党元老谭延闿墓、廖仲恺墓、范鸿仙墓，以及国民革命军阵亡将士公墓、航空烈士公墓、海军将士公墓等相继附葬在中山陵及其周边地区；蒋介石生前也在钟山南麓紫霞湖附近选定墓址，并于1947年在墓址上建起正气亭作为标志。

此外，自清末至民国，有不少来南京传教、讲学、行医、经商的外国人死后也葬在南京。侵华日军占领南京期间，竟然恬不知耻地在菊花台和五台山分别建起了招魂慰灵的表忠塔和靖国神社。

明孝陵下马坊



## 明孝陵

明孝陵坐落在紫金山南麓独龙阜玩珠峰下，是朱元璋和马皇后的合葬墓，建于1381—1413年，是南京最大的帝王陵墓，也是我国现存古代最大的帝陵之一。

明孝陵陵园围墙长达22.5公里，分前后两大部分。前部从下马坊开始，经禁约碑、大金门、四方城（“大明孝陵神功圣德碑”碑楼）、御桥、石像路、翁仲路到棂星门；后部由金水桥、文武方门、孝陵门、孝陵殿、内红门、方城明楼、宝城宝顶组成。从下马坊到宝城宝顶，全长2620米。

明孝陵神道一改传统的中轴线布局，蜿蜒曲折，在中国历代帝陵中独一无二。

明孝陵神道石刻将整体宏大与局部精细融为一体，代表了明初中国石雕艺术的最高水平。明孝陵神道石刻的组合富有创新，为明清帝陵所沿用。

石像路上相向排列着12对石兽，依次分别是狮子、獬豸、骆驼、大象、麒麟、马6种，

明孝陵石像路



每种两对，造型是一对坐卧，一对伫立，形象生动，栩栩如生。

翁仲路的起点为一对高大的华表，上雕云龙，气势不凡。折向北面的神道上，分别站立着两对顶盔贯甲的武将和两对身着蟒袍的文臣，一对有胡须，一对无胡须。棂星门为翁仲路的终点。

明孝陵在建筑设计上，首创了在宝城宝顶前面建筑方城明楼的布局，使后寝部分显得气势雄伟，凌驾于其他区域之上。

明孝陵独特的设计理念、制度格局、营造规模和艺术成就，深刻地影响到分布于北京、河北、湖北等省市的明清皇家陵寝。明孝陵开创了明清帝陵的一代新制，在中国帝陵发展史中具有里程碑意义。1961 年，国务院公布其为全国重点文物保护单位。2003 年 7 月 3 日，联合国教科文组织世界遗产委员会将其列入《世界遗产名录》。

石狮子

石獬豸

石骆驼

石骆驼

石象

石象

石象

石象

石马

石马

石柱

石柱

石武将，1872年

石武将

石文臣

明孝陵远眺

明孝陵碑亭

明孝陵

明孝陵方城明楼

明孝陵方城明楼，1921 年

## 明朝功臣和明清文人墓

明朝开国功臣，去世后多以葬在南京尤其是葬在钟山为荣耀。朱元璋在钟山兴建明孝陵前后，中山王徐达、开平王常遇春、岐阳王李文忠、江国公吴良、海国公吴桢等人先后被赐葬在钟山之阴；宁河武顺王邓愈、郓国公宋晟分别被朱元璋、朱棣赐葬在中华门外邓府山……

明清文人的葬地相对比较随意，如明朝大学士方孝孺的衣冠冢坐落在中华门外雨花台东岗；清朝伊斯兰教大学者刘智墓坐落在今雨花台区花神庙。

明中山王徐达墓神道石刻

明中山王徐达神道碑

明岐阳王李文忠墓神道石刻

明宁河武顺王邓愈墓神道石刻

明郓国公
宋晟墓神道碑

明郓国公
宋晟墓神道碑

方孝孺墓

20世纪30年代的刘智墓

紫金山南坡中山陵建立前的原状



## 中山陵

中山陵位于紫金山的中茅山南坡，里面沉睡着一位中国近代最伟大的人物，民主革命的先行者——孙中山（1866—1925年）。80多年来，它每年都吸引着数百万的海内外同胞和国际友人前来瞻仰、拜谒。

中山陵由我国著名的建筑师吕彦直设计。自1926年春动工，至1931年建成。占地面积共8万余平方米。主要建筑有牌坊、墓道、陵门、碑亭、祭堂和墓室。总平面呈木铎形（即钟形），象征着孙中山先生毕生致力于唤醒民众。牌坊、陵门、碑亭、祭堂的屋顶采用蓝色琉璃瓦，墙身全部用白色花岗岩石料砌成，象征着青天白日。

中山陵总体布局规划吸收了中国古代陵墓建筑思想的精华，采用轴线对称的布局，注意结合山势，运用牌坊、墓道、陵门、碑亭、祭堂、祭室等传统陵墓的组成要素，以大片的绿地和平缓的台阶把各个尺度不大的个体建筑联成为大尺度的整体，形成庄严雄伟的气势。

祭堂是中山陵的主体建筑，它采用了中国古典的建筑手法，上部采用了传统的重檐歇

中山陵鸟瞰



山顶的上檐，下部四周设计了四个正方形的方室，形成四个角墩，富有雕塑感和现代感，西式建筑的体量与中式建筑的重檐歇山顶完美地结合在一起。

中山陵建筑群在体型组合、色彩运用、材料表现和细部处理上展现了肃穆宁静的气度和逝者永垂不朽的精神。中山陵不仅是南京民国建筑中中国传统宫殿式近代建筑的杰作，而且是中国近代建筑中近代化与民族化相结合的建筑典范。

2005年4月26—27日，中国国民党主席连战到南京访问，他在南京禄口机场发表讲话时说："对中国国民党来说，南京是一个具有历史联结、感情联结的地方。"他首先拜谒的地点就是中山陵。2008年5月27日，中国国民党主席吴伯雄拜谒中山陵后，在博爱坊前发表演讲："我们第一站就来到南京，因为南京对我们来说有特殊的渊源和感情。"

孙中山先生生前向人民"乞此一抔土"，而人民给了他一座山。南京因为有了孙中山和中山陵而注定永久性地成为全球华人瞩目的焦点。

中山陵鸟瞰

中山陵博爱坊

日军占领南京期间的中山陵牌坊

中山陵

中山陵

中山陵，1936年

波兰雕塑家保罗·朗特斯基和他创作的孙中山塑像

中山陵祭堂侧面

牌坊

陵门

碑亭屋面琉璃瓦完工图

祭堂西南角立面图

陵墓东北角图

祭堂和陵墓背影

谭延闿墓

## 谭延闿墓

谭延闿墓坐落在风景秀丽的钟山风景区灵谷公园内。占地面积 300 亩，依山就势而建，具有浓郁的江南园林风格。

谭延闿墓由一组建筑物构成，从墓葬入口处开始，依次为龙池、墓碑（“灵谷深松” 碑）、牌坊、石刻、祭堂、华表、墓室等。

谭延闿（1879—1930 年），字组安、组庵，号无畏、切斋，湖南茶陵人。官至国民政府主席、行政院长。

谭延闿墓自 1931 年动工，1933 年夏落成。由著名建筑师杨廷宝、关颂声、朱彬设计。谭延闿墓与孙中山陵墓显著不同，中山陵布局严谨对称，极尽人工之美；而谭延闿墓则是借助自然山势之高下，构筑曲折幽深的墓道，具有自然与人文相结合的江南园林景观的特色。

在谭延闿墓附近，还有民国时期浙江省捐建的临瀑阁、千秋坊、水亭、心亭和香竹亭等纪念性建筑，成为谭延闿墓的一个有机组成部分。

“文革” 期间的 1967 年，谭延闿墓室遭到破坏；1981 年由政府拨款按历史原貌重新修复。

谭延闿墓鸟瞰图

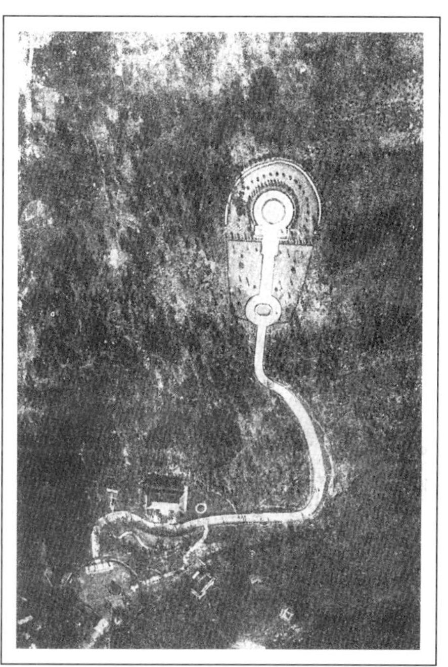

谭延闿墓

祭堂（无梁殿），1934年

## 国民革命军阵亡将士公墓

位于灵谷寺旧址上。与明孝陵东西对峙，与中山陵、明孝陵鼎立而三，共同构成中山陵园的主要景观。

公墓建于1929年，用来安葬历次战争中阵亡的将士。美国建筑师墨菲担任公墓建筑师，上海陶馥记营造厂承建。

公墓建筑群沿南北向的中轴线布置，由南至北依此是正门、牌坊、祭堂、公墓、纪念馆和纪念塔。

祭堂是利用原有的无梁殿改建而成。无梁殿又名无量殿，因殿中供奉无量寿佛而得名。该殿建于明朝，重檐歇山顶，小瓦屋面，整个建筑全部用砖砌成，结构独特。5檐3进，东西长50米，南北宽34米，殿内顶部呈穹隆状，高达22米。前后各辟有3个拱门，四面辟有窗户。无梁殿虽历时久远，但结构坚固，气势宏伟。20世纪30年代建造国民革命军阵亡将士公墓时，按照原来式样修葺，殿内改为祭堂。

祭堂以北为第一公墓，它建在灵谷寺五方殿遗址上。面积8万平方尺，内辟蜘蛛网式

祭堂，又名正气堂，原为灵谷寺无梁殿



的小路，分列大、中、小各式墓穴 1642 座，每一座墓穴下用砖砌，上面用水泥盖板，设有小石碑一块。墓地北侧墓墙东西两端，各立有一个纪念碑，分别是国民革命军第十九路军和第五军淞沪抗战阵亡将士纪念碑。第二公墓、第三公墓分别在无梁殿东、西各约 1000 米的山坳中，它们与第一公墓共同构成一个钝角三角形。

纪念馆在第一公墓正北面。东西长 41.7 米，南北宽 19.7 米，歇山顶，屋面覆绿色琉璃瓦，钢筋混凝土仿木结构，上下两层，造价 21.5 万元。纪念馆 9 楹，走马楼式，楼上下均有走廊。楼下中间为穿堂，楼上下均不用墙壁分隔，遍设架柜，用以陈列阵亡将士遗物或举办展览用。1933 年完工后，定名为"革命纪念馆"，由蒋介石题写馆名。

国民革命军阵亡将士纪念塔，在纪念馆之后约 100 米处，造型属于楼阁式塔。始建于 1931 年，1933 年竣工。塔基为八角形的大平台，直径 30.4 米，平台周围围以雕花栏杆，平台四面设有石阶。纪念塔每层都设有 8 个壶门，四隐四现，相间开辟。塔高约 60 米，平面为八角形，分为 9 层，钢筋混凝土结构，底层直径 14 米，向上逐层缩小，顶层直径 9 米。每层外面都有走廊和石栏杆，便于游人高瞻远瞩。迄今为止，国民革命军阵亡将士纪念塔仍是南京地区最高的传统式样的塔。

国民革命军阵亡将士纪念塔

海军将士公墓，1935年



## 海军将士公墓

民国时期，海军的作用愈来愈重要。20世纪30年代，国民政府在王家湾建立航空烈士公墓的同时，为了纪念阵亡的海军将士，另择地点建起了海军将士公墓，用来安葬历次战斗中牺牲的官兵。

海军将士公墓位于金陵船厂家属区金陵船厂子弟学校内，“文革”中被拆毁。

民国时期清凉门内的外国坟



## 清凉门内外国坟

民国时期，居留南京的外国人日渐增多，有些外国人在南京去世后便就地安葬，于是在南京形成了几个外国人的丛葬地，清凉门的外国坟就是其中最著名的一处。

菊花台侵华日军表忠塔

## 表忠塔

位于南京城南菊花台公园内。日伪统治时期，日军柳川平助部队驻扎在菊花台，为了纪念在杭州湾登陆时被中国军队击毙的日军第33联队官兵，日军在菊花台建立了表忠塔和报忠碑。1946年5月国民政府还都南京前夕，表忠塔和报忠碑被南京军民拆毁。

五台山上侵华日军所建神社



**五台山日本靖国神社**

位于五台山1号，紧邻五台山体育场。

1940年2月，日军选定五台山兴建神社，由日本建筑师高见一郎设计，历时近两年完工。五台山神社的规制大体上是仿照日本东京靖国神社。神社建成后，一批批在中国被打死或病死的日军官兵的骨灰盒陆续运了进来。每年4月，日本军政要员、住在南京的日本侨民代表等都要到神社举行祭拜仪式。

1945年8月日军投降后，国民政府为展示抗日胜利成果，曾经把神社用作“战利品陈列馆”，一直延续到1946年。

1946年秋，国民政府将这里改为中央军官训练团驻地，后又改为中国童子军总会。

1949年南京解放后，童子军总会很长一段时间都处于空置状态，上个世纪50年代中期改作江苏省体委办公楼。80年代以来，童子军总会建筑物大多被拆除。如今江苏省体育局大院内的东面和北面，仅存有两座庙宇式平房，黑瓦飞檐，具有浓郁的日本建筑风格。

# 捌 寺庙祠观

在中国佛教发展史上，南京的地位举足轻重。东汉末年佛教初传，金陵建初寺成为江南首寺。南朝时，佛教成为国教，建康成为全国佛教中心。寺庙林立，一句“南朝四百八十寺，多少楼台烟雨中”就是明证。不惟如此，在中国创立的许多佛教宗派，如三论宗、律宗、牛头宗、法眼宗等，都与南京密切相关。明初建造的金陵大报恩寺塔，更是被西方人称为中世纪世界七大奇观之一。在各个历史时期，南京总是以复苏与振兴佛教文化的形象出现，及至近代，金陵刻经处、中国佛学会等机构的设立更使南京成为中国佛教文化的复兴、研究、传播中心。其深厚的佛教文化底蕴，众多的佛教文化遗存，使得南京成为一座名副其实的江南佛教之都。

此外，南京的道教文化源远流长，伊斯兰教、基督教以及民间宗教在南京这座城市都占有一席之地。

大报恩寺琉璃塔塔顶，1872年

## 大报恩寺

大报恩寺位于古长干里，明初，它与灵谷寺、天界寺并称金陵三大寺，而又以报恩寺为首，统领附近的次大刹2个，中刹14个。永乐十年（1412年），明成祖朱棣为纪念生母，敕令工部“依大内图式，造九级一色琉璃宝塔一座，曰第一塔，以扬先皇后之德。”报恩寺工程浩大，从全国征集良匠军工计10余万人。整个工程耗时16年方才完工。大报恩寺主要建筑分南北两大部分：佛殿和塔，僧房和禅堂。整座寺庙结构严谨，造型优美，气势磅礴。其中最著名的建筑就是琉璃宝塔。八面九级，高78.02米，外壁均用白瓷砖砌成，每块瓷砖中央都有一尊佛像。底层为四面开门，四壁镌刻有四大天王金刚护法神像。二层至九层为八面开门，四实四虚，隔层错开。每层的覆瓦、拱门、腰檐和栏杆，均用五色琉璃做成，色彩鲜艳。拱门上琉璃制成的飞天、飞羊、狮子、大象等装饰物。九级之上是塔刹，下部为镀金覆莲盆两个，重达900斤。其上是重达两千两的黄金宝顶，下有九级“相轮”。大报恩寺香火兴旺，游人不绝，成为金陵绝色一景。随着中外交往的增多，“南京瓷塔”一时声名远播于西方。1854年，毁于太平军之手。

报恩寺琉璃塔塔顶

大报恩寺三藏殿

大报恩寺碑

大报恩寺龟趺

大报恩寺香水河桥

鸡鸣寺



## 鸡鸣寺

鸡鸣寺位于北极阁山东北侧，因其所在山阜为古鸡鸣埭，明初，即以此取“鸡鸣寺”之名。鸡鸣寺依山取势，入寺曲廊逶迤，大殿几重，此外还有禅堂、方丈、僧房、斋房、客房、茶房等设施。鸡鸣寺屡建屡毁，香火不断。清代又三次重修，香火更旺。登上寺内凭虚阁，可鸟瞰南京全景，“凭虚眺远”是清代“金陵四十八景”之一。

鸡鸣寺

栖霞寺

## 栖霞寺

栖霞寺位于南京城东北20余公里的栖霞山，建于南齐永明元年（483年），是江南佛教三论宗之发祥地。唐初是栖霞寺的黄金时代，扩建后改名为功德寺，与山东长清的灵岩寺、湖北荆州的玉泉寺、浙江天台的国清寺同为“四大丛林”。此后，该寺几经兴废，规模大不如前。寺名也屡经更改，直到明洪武二十年（1392年）才恢复旧名。有弥勒殿、毗卢殿、藏经楼等，西庑还有唐代鉴真和尚纪念堂，当年他第四次东渡日本失败后在返回扬州途中曾在栖霞寺小住。在毗卢殿外东南有一座舍利塔，建于南唐。高约18米，五级八面，镌刻四大天王及诸佛像、经文，塔基浮雕为释迦八相图，栩栩如生，为我国佛教艺术的杰作之一。

栖霞寺

栖霞寺舍利塔

栖霞寺和千佛岩

栖霞寺千佛岩

栖霞寺千佛岩

毗卢寺大雄宝殿

## 毗卢寺

在梅园新村东，原为一小庵，后毁于清咸丰（1851—1861 年）兵火。同治三年（1864 年）僧量宏戒行清净，初创一庵在督署前，后迁至西华门外竺桥，即今汉府街 4 号寺址。

光绪六年（1880 年），曾国荃督两江时又请僧海峰重建。海峰客居南岳衡山齐公岩，曾国荃游历时与其相识，交往投契，许约“如今后我督两江，定为汝造寺”。海峰即立誓代曾礼天下名山。后曾国荃任两江总督，感其诚，即招海峰和尚前来择地建寺。遂与僧量宏协商，扩充毗卢庵大兴土木，数年间即成大刹。当年即建有万佛楼，楼之上下左右及柱桶之上无不有佛，是为一大特色。毗卢寺曾以供奉一尊高三丈三尺的十一面观音像而名闻遐迩。

民国时期，毗卢寺曾是“中国佛教会”所在地，声名远播。当年这里高僧云集，佛教界四众大德于此商讨佛教弘化大业，影响很大。

新中国成立后，寺院被占用；“文革”中更遭劫难，寺庙只剩下两边三大殿及东西庑廊、万佛楼，其他文物尽毁。如今正在不断恢复中，颇显昔日胜景。

毗卢寺万佛楼

幕府山永济寺



## 幕府山观音阁

在燕子矶西南方的幕府山有永济寺、观音阁，目前寺废阁存。幕府山的沿江崖壁上还有若干个石灰岩溶洞，称为“岩山十二洞”，其中主要的有头台洞、观音洞、二台洞和三台洞。观音阁就位于三台洞。

在清朝金陵四十八景中，幕府山就占有六景：“燕矶夕照”、“永济江流”、“嘉善闻经”、“化龙丽地”、“幕府登高”、“达摩古洞”。

观音阁位于燕子矶西南半公里许岩山（幕府山）北麓，北面长江。建于明洪武年间（1368—1398 年），系弘济寺之一部分，明代南京名刹之一。因阁后绝壁上有石刻，传为唐代著名画家吴道子所绘观音像，故名。宣德十年（1435 年）殿宇倾颓，正统元年（1436 年）就阁建寺，规模胜旧，赐名“弘济”。清为避高宗讳，更名永济寺。寺院殿阁皆依临江悬崖峭壁而筑，有金刚殿、天王殿、祖师殿、无量殿、观音阁等，占地共 90 余亩。清同治年间殿塌寺毁，江水远退，昔日壮观不再。

幕府山三台洞，1943年

幕府山三台洞、观音阁

幕府山三台洞、观音阁

牛首山弘觉寺塔

## 牛首山弘觉寺塔

弘觉寺塔位于南郊牛首山上，因建于唐代而又名唐塔。据方志记载，唐代宗李豫在大历九年（774 年）“感梦”，敕“修七级浮图”。实际上，今存残塔乃明代所建。

弘觉寺塔七级八面，砖木结构，从底层到塔顶高 36.65 米，若加上塔刹约为 45 米。塔每面开壶门一座，小窗两扇。每层均挑出雕木飞檐。其造型典雅古朴，是南京现存最雄伟的砖制仿木结构楼阁式古塔。底层按东南西北四方位各辟券门，第二层改门位于西北、东北、东南、西南，如此上下层拱门换位相错，四实四虚。每门两侧各置灯龛，全塔有 96 盏灯，夜里塔中点燃长明灯，几里之外可见。清嘉庆前后，一场大火使该塔的飞檐、塔梯及其他木结构部分焚毁，仅存砖塔躯壳，如今得以重新修复。

牛首山五层宋代辟支佛塔

## 辟支佛塔

塔原在牛首山南麓，五级四面，建于宋仁宗皇佑二年（1050年）。现已不存。

天界寺



## 天界寺

在城南中华门外五六里处。旧为建于朝天宫东皇甫巷的大龙翔集庆寺，明洪武初敕徙寺于此，更名为天界寺。明初在此修《元史》。现存佛殿一座及明代碑碣等遗物。寺外苍松荫庇，深约里许，方达寺门。

古林寺

## 古林寺

古林寺位于城西马鞍山中之凤山，系敕赐古寺，有“中兴戒律第一祖庭”、“敕赐振古香林”之盛誉。初名古林庵，万历十二年（1584 年）扩建，遂成一大梵刹。现寺已无存。一世祖如馨（1540—1615 年）和尚，字古心，赐号慧云律师，系中国佛教律宗南山正宗，在古林寺传戒说法，南山律宗得以重兴。

清凉寺

**清凉寺**

清凉山位于城西，古名石头山、石城山。始为杨吴顺义年间所建的兴教寺，南唐李昇时改建为清凉禅寺，李后主时复改为避暑离宫，又称石头清凉大道场。宋时迁清凉广惠寺至此，明时复称清凉禅寺。后寺屡有兴废，至民国时已年久失修，仅剩一进院落。

半山寺



## 半山寺

半山寺位于南京中山门内海军指挥学院东北角，始建于北宋元丰十年（1085 年），原名“报宁禅寺”，宋神宗赐寺名，是为辞官隐居南京的王安石舍宅为寺。因寺地处建康（今南京）城的白下门外 7 里，距钟山亦是 7 里，正好在半道上，故又称“半山寺”或“半山园”。在宋代，半山寺曾多次维修。明初，太祖朱元璋修筑南京城，将半山寺包入城内，因其地近皇城而成为禁区，寺遂废。

普德寺



## 普德寺

普德寺在雨花台西北方向的普德村，始建于梁天监（502—519年）年间，明代重修，系敕赐古刹。明清时期，普德寺仍为南郊胜地之一，众多文人骚客前来寻踪觅胜。该寺原有基址10万平方米，田地山塘近5万平方米，其主要建筑金刚殿、天王殿、左右钟鼓楼、左右碑亭、大佛殿、左观音殿、右轮藏殿、西方殿、左伽蓝殿、右祖师殿等，现已无存。现存大雄宝殿、无量佛殿和石龟趺、雨花泉石井栏各一。

方山定林寺

## 方山定林寺

方山位于中华门外约15公里处，山体呈方形，犹如天上掉下的一枚方印，故名。历史上这里是佛教、道教盛行之地，东面有东露寺，南面有洞玄观、西面有宝积庵，北面有定林寺，山顶有海慧寺。

定林寺有两处，一处在钟山，一处在方山。其在方山者，乃南宋孝宗乾道时（1164—1173年），高僧善鉴造，因钟山定林寺废，遂将“上定林寺”牌匾移至方山。定林寺位于方山北麓，是金陵名刹之一。原建筑规模较大，现寺已毁，但残碑、柱础尚存。目前保持较好者仅为方山北麓的“定林寺塔”。定林寺塔为南京历史最久的楼阁式硬塔，塔高约14.5米，为七级八面仿木结构砖塔，塔身向北倾斜7.59度，经过纠偏后保留斜度仍有5.3度，堪称“世界第一斜塔”。

方山洞玄观



## 洞玄观

洞玄观相传为三国著名道士、炼丹家葛玄白日飞升处，他曾隐居江宁方山。东吴赤乌三年(240年)建。唐贞观六年(632年)并入岩楼观,宋改崇真观。元至元二年(1336年),遭兵燹，独存葛玄遗像。明洪武年间重建，成化、万历年间又重修。有山门、三清殿、仙公殿等，道院4房，正殿奉葛仙公像。有仙翁洗药池、炼丹井、药臼等名胜。民国时，无道士看守，洞玄观废。

朝天宫棂星门



## 朝天宫

朝天宫古建筑群占地面积约7万余平方米，规模宏大，气势雄伟。朝天宫之名，源于明代这里曾是举行祭祀天地等国家大典前，宫廷高官们净身和官僚贵族子弟袭封前学习演练朝贺天子礼节之地。1864年7月，清军攻陷江宁后，两江总督李鸿章于次年8月命将原建于鸡鸣山麓的江宁府学迁移至此，现存的建筑格局系当年旧制，中为文庙，东为府学，西为卞公祠。文庙建筑基本保留了明代宫殿样式，正南门是棂星门，进棂星门拾级而上即为大成门。文庙的主体建筑为大成殿，面阔7间，高广壮丽。殿内正中后壁原有供奉“大成至圣先师孔子之神位”的灵台。大成殿之后为崇圣殿，又称先贤殿，供奉孔子门徒及历代先贤牌位。殿后最高处为“敬一亭”，登亭远眺，南京城北景色尽收眼底。文庙东侧为江宁府学，它与文庙有门相通。

蒋王庙

## 蒋王庙

“蒋王”指东汉末年秣陵县尉蒋子文，因追逐盗贼，受伤后死于钟山，葬在钟山脚下。后来有官员看见蒋子文在大道上乘坐白马、手执白羽扇、侍从左右跟随身旁，和生前一模一样。吴大帝孙权于是封其为钟山神，改“钟山”为“蒋山”，并为之敕造蒋王庙。及至六朝，前往蒋王庙祭祀求福者络绎不绝，当年香火之盛，有诗为证：“白马千年系庙门，炉烟浮动衮龙昏。”如今，蒋王庙早已不在，只有院内的一棵古柏，见证着这里曾经的沧桑。不过，白马村、蒋王庙之地名，保存至今。

净觉寺

## 净觉寺

位于三山街升州路 28 号，是南京现存最早的清真寺，始建于明洪武二十一年（1388 年），明宣德（1426—1435 年）初年被焚毁。宣德五年（1430 年），郑和在第七次下西洋前上奏皇帝请求重建，弘治（1488—1505 年）年间又修葺，嘉靖（1522—1566 年）年间世宗皇帝赐礼拜寺以“净觉寺”匾额，从此以此名。至清咸丰（1851—1861 年）年间毁损严重，光绪三年（1877 年）重建，两年后又重修。风格、装饰仍保持原貌，只是规模不及当年。当年的礼拜寺有 81 间，寺周有高大的砖砌围墙。

现在的净觉寺大殿坐西朝东，临街山门从南入。进入寺门，迎面是一座“四柱三间三牌楼”式样的门楼，已毁，现依原样雕制修复。入寺内，有望月楼、南北讲堂、大厅、无像宝殿等建筑。

基督教百年堂



## 基督教百年堂

位于汉中路 140 号南京医科大学校园内。建于 1921 年，系美国南卡罗莱纳州生姆脱城三一堂捐建，用作监理公会国外布道百年纪念，故名。

英威祠，后为逸仙桥小学

## 英威祠

在复成桥东南侧。1920年，江苏督军、英威上将军李纯自戕身亡，其部属齐燮元为表纪念，于是年冬筹资兴建，名秀山（李纯字秀山）公园。园内建有李纯铜像一尊，英威祠（纪念堂）一座。高二层，歇山顶飞檐，四周围以石栏，正面有石阶。国民政府定都南京后，易名第一公园，又称中央公园。李纯铜像被拆除，英威祠亦改作烈士祠，祭北伐军阵亡将士之位和遗像。1939年，日军为扩建明故宫机场，将其彻底拆毁。

汉中门外曾忠襄公（曾国荃）牌坊



## 牌坊

牌坊，是中国传统建筑中的一种样式，多有表彰之意味。牌坊越高大，越显荣耀。曾国荃是湘军将领，1864年攻陷太平军据守的南京城，是为首功。其后，出任两江总督。汉中门外的这个牌坊，应是朝廷为表彰他的功绩而立。现已无存。

城南鸣羊街孝子坊

中国古代，百事孝为先，最看重的就是孝道。这座孝子坊，应该是为表彰某位孝子而立，具体情况已不可考。

# 玖 市井百态

南京的建城史，有近2500年。最初的越城，只局促于中华门外秦淮河南岸一块极小的地方；到了六朝，都城范围扩大了许多；南唐时，又将都城前移，把秦淮河囊括其间；再至明朝，缔造了世界第一大城垣，自此，南京城市规模600年无甚改变。六朝、南唐、大明宫城都不在同一中轴线上，可谓时移势异；道路亦不断拓展，纵横交错。

国民政府定都南京，进行了大规模的城市建设，以新街口为轴心，以中山大道为主干，南京城市格局就此奠定。

人群熙攘，玩味十足的夫子庙，是南京老城繁华的核心区域，极具文化和商业气息。居之高岗，四方攒簇的鼓楼，曾是这座城市标志性的建筑。还有那余音悠远穿越了600年光阴的大钟亭，与鼓楼相携，构成了南方城市中心最古朴厚重的人文景观。宽阔的林荫大道，蜿蜒的狭长小巷，以及穿梭在大街小巷的各种交通工具……所有这一切，构成了这座城市的旧时影像，似曾相识，熟悉又有些陌生。

新街口鸟瞰

## 南京城

今日南京旧城的范围肇始于明代初年，历经明、清两代与民国初期近600年间未改。至1929年12月《首都计划》公布后，方才大加变动。1927年4月，国民政府定都南京，1929年6月成立了首都建设委员会，着手国都规划建设。在《首都计划》的指导下，大规模的城市建设就此展开，南京出现了以中山大道为代表的林荫大道、不同功能定位的分区，以及许多各具风格的近代建筑，其现代都市风貌一举奠定。

南京城鸟瞰

1939年日军占领下的南京城鸟瞰

太平南路鸟瞰，中间高楼为中南银行

1943年前后的新街口



## 新街口

1927年国民政府定都南京后，随着《首都计划》的出台和实施，新街口成为南京的中心，通过改、扩建，将中山路、汉中路交叉口处辟为圆形中心广场，以此为中心向四周辐射，分别与新扩建的中山路、中山东路、中正路（今中山南路）、汉中路等贯通。又在沿街兴建中国银行、中央商场、大华大戏院等金融商业文化设施，使之成为南京主城区的繁华之地和城市地标。

鼓楼

## 鼓楼

位于南京市中心鼓楼岗上的鼓楼，建于明洪武十五年（1382 年），为明时京城报时之所。从规模到气势，均居全国之冠。康熙二十三年（1684 年），康熙首次南巡，曾登楼观景，并谕旨告诫南京地方官员清廉秉公。次年，两江总督王新命将康熙的“谕戒”刻在碑上，置于鼓楼。因鼓楼立有康熙皇帝的“圣谕”戒碑，当时曾把鼓楼改名为碑楼，现鼓楼台座正面中门上，“碑楼”二字犹存，但老南京市民仍习惯称它为鼓楼。民国初年，将鼓楼上部的阁楼加修成重楼。楼上叠楼，使戒碑形成顶天立地的格局，让人难以目睹碑的全貌。

保泰街，
左前方为鼓楼

鼓楼

大钟亭，摄于1890年

## 大钟亭

大钟亭坐落在鼓楼广场东北角的园林之中，当年的钟楼并不在此，现今的大钟亭，是清代光绪初年所建。早在明代初年，在这人烟稀少的黄泥岗有两座楼宇并峙，位于东面的是鼓楼，西面的为钟楼。钟楼悬挂鸣钟一口，洪武二十五年（1892年）又铸造立钟一口，悬于楼前；同时还铸了一口卧钟。

清康熙年间，钟楼倒塌，鸣钟、立钟皆毁，惟独卧钟尚存。清光绪十五年（1899年），江宁布政使许振炜重建钟亭，将卧钟掘起悬于亭内中央，遂名“大钟亭”。钟为紫铜铸成，高3.65米，口径为2.3米，重达23吨，是南京最大的一口铜钟，其铸造精美，声音宏亮，撞击时隆隆回响，数里之外可闻。

大钟亭

大钟亭

20世纪30年代的夫子庙街景

## 夫子庙街景

城南是老南京的重心，传统的民居群落和商业、文化、旅游、娱乐活动等多集中于此。其中，尤以秦淮河沿岸和夫子庙一带最为繁华，科举、商贸、娱乐并盛，人群熙攘，商铺栉比，呈现出旧时南京别具地域特色的街景市貌。

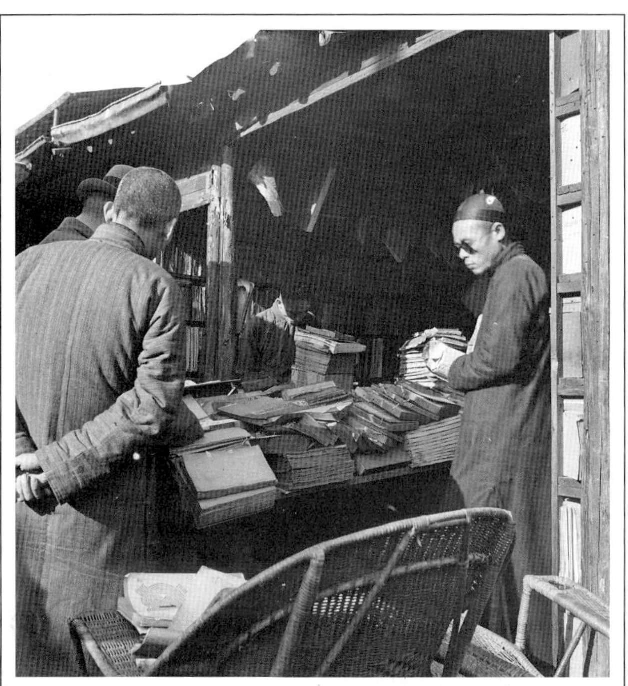

夫子庙附近的旧书店

夫子庙附近的笔墨店

夫子庙老万全酒家

夫子庙花灯

## 街道

街道的变化，到了现代，最为显著。当年，只有御道是宽阔的，其他多为蜿蜒细长的小路。民国以降，城市交通发展为之一变，随着《首都计划》的实施，道路面貌焕然一新。特别是中山大道，人行、慢车、快车三路，实为旧中国所罕见。

1906年12月22日，南京的修路工人在铺设马路

北门桥

大平路上的中华书局

民国时期的加油站

1943年前后的新街口

中华路上的交通警察

## 各种交通工具

中国传统的陆上交通工具，除了马车、牛车、驴车外，还有轿子。人力车的出现，是到了近代。而公共汽车作为公共交通工具，则已是民国以后的事了。汽车完全颠覆了人们旧有的出行体验，与牲畜拉车载人，不可同日而语。

20世纪30年代江南汽车公司的公共汽车

受雇于外国人的人力车夫，1920年

大华大戏院门前待客的人力车

邮车

20世纪30年代的邮车

1935年，南京市自行车越野赛，吸引了许多民众围观加油

江苏邮政局骑自行车的邮递员

邮轮

# 拾　金陵万象

南京是一个富有魅力的城市，一个可读的城市，诚如朱自清先生所言：“逛南京像逛古董铺子，到处都有时代侵蚀的遗痕。”

“十里秦淮”横贯城南，“河房”便成一景。临河而建，桨声灯影，凭窗眺望，独享其妙。金陵多园，名声在外，带有假山的院落，是富家的宅邸。一般民居，多是江南传统的几进式房屋，青砖小瓦，穿堂入室。再简单一点的，就是三五架梁的平房。生活最为饥寒的，则是建于旮旯边角的棚户区，小屋仅用泥巴糊墙，茅草或芦苇铺顶。

南京近代工业的起步，大致从晚清李鸿章创办的金陵机器制造局算起。其后，外资公司开始涉足，太古洋行、怡和洋行与和记洋行相继进入。津浦铁路的开通，造就了颇负盛名的浦镇机车车辆厂。号称“远东第一”的永利铔厂和首都电厂等，则是国民政府定都南京时所创建。

1929年《首都计划》出台后，南京城市建设拉开帷幕，一时如雨后春笋般呈现出不同类型、不同功能、不同式样的建筑，从车站到机场，从图书馆到体育场，从饭店到医院，美轮美奂，成就甚大，因此有了“民国看南京”的赞誉。

## 民居

江南民居，自有其特色，正所谓“青砖小瓦马头墙，回廊挂落花格窗”。只是作为东南重镇的南京，遭遇时代变迁的痕迹太重，加之战火的袭扰和大规模的城市建设，传统民居逐渐减少。图片中所能看见的，不少是典型的民居式样，但也有许多只是简单的平房，甚至是棚户区。

南京民居

南京民居

南京民居局部

柳叶街民居

南京寻常人家的灶台

秦淮河畔的河房

汪伪时期的南京民居

护城河石头城段的棚户区

城墙下贫民窟前铡草的男子

茅草顶、土坯墙的南京民居

后宰门民居

## 手工业

在机器生产布匹之前，中国传统的都是手工织布，即所谓的家机布。

纺纱

纺纱

织布

# 工 厂

19世纪末，以洋务运动为代表，中国掀起了一股兴办实业的浪潮，近代工业逐渐兴起。在南京的近代工业中最负盛名的，首推由李鸿章创办的金陵机器制造局。其中，还有外国人投资兴建的洋行。由范旭东在六合创办的永利铔厂，成为中国生产化肥的重要基地。

金陵机器制造局，1872年

金陵机器制造局制造的铜炮

金陵机器制造局生产车间，1872年

永利铔厂

永利铔厂

永利化学工業公司江蘇省

硫酸錏廠在建設中 1935年秋攝

财政部南京造币厂

1948年，南京大信造纸厂使用机械搅拌纸浆

1910年的南京火车站



## 南京下关车站

位于鼓楼区龙江路、兴安路一带。清朝光绪三十四年（1908）建站，命名为南京车站，又称下关站。1930年，国民政府铁道部对车站进行重建，车站站屋为中间3层、两侧2层的建筑。站屋中部为椭圆形车站大厅。车站站台上盖有雨篷，三道站台均加长，一号站台长396米，二号站台长366米，三号站台长300米。1947年，国民政府对下关火车站进行了扩建。南京下关车站作为民国时期南京的重要门户，在当时发挥了巨大的作用。

1912年的南京火车站

1934年的下关火车站

下关车站前的广场

1949年2月下关火车站里的难民

浦口车站



## 浦口车站

浦口站位于浦口区津浦路30号，1911年始建，系津浦铁路之南端终点。

浦口火车站货运站台

浦口火车站

20世纪30年代的浦口车站调度场

浦口车站站台

明故宫飞机场

## 机　场

明故宫机场位于明故宫东北端，国民政府定都南京后，始在此建军民两用机场。后经三次较大规模的扩建，使之成为拥有指挥塔、马灯、电台、加油库等设施的全天候大型民用机场。分由中国航空公司及中央航空公司经营，有固定班机飞往上海、港澳、汉口、西安、重庆、桂林、天津、北平等地。1956年关闭后，大校场即为南京军民合用机场。

1937年，南京大校场机场一隅，遭日军毁坏的中国飞机残骸

1949年4月，从南京大校场机场撤退的最后三架CAT飞机

20世纪40年代的国立中央图书馆阅览室



## 国立中央图书馆

1928年5月，大学院召开全国教育会议，决定在南京筹设国立中央图书馆。1933年1月21日，教育部在南京成贤街成立“国立中央图书馆筹备处”，委派蒋复璁担任筹备委员；4月8日，复令蒋复璁为筹备处主任。1936年9月1日，国立中央图书馆正式开放。原址在成贤街48号，有藏书近20万册。

20世纪40年代的国立中央图书馆馆舍

20世纪40年代位于颐和路的国立中央图书馆北城阅览室

正在修建中的中央体育场田径场



## 中央体育场

中央体育场位于孝陵卫南京体育学院内，是民国时期远东最大的体育场。1930年，蒋介石提出要在南京兴建一座大规模的中央体育场，作为以后召开全国运动大会的场地。同年4月，国民政府为筹备1931年10月召开的全国运动大会，组织了筹委会。拟建造一座体育场，经国务会议指定，以中山陵园界内、灵谷寺南部1200亩土地为全运会体育场场址，这就是后来的中央体育场。1931年5月10日，举行了隆重的奠基礼。中央体育场充分利用四周高、中间平旷的地势，因地制宜地进行设计和建造。体育场分为田径赛场、游泳池、棒球场、篮球场、国术场和网球场6个部分，另外还有跑马场、足球场等。各场皆有看台，总共可容纳6万观众，当时堪称“远东第一”。

中央体育场鸟瞰图

中央体育场

中央体育场

1933 年，第五届全国运动会在南京召开，
刘长春（右）等三位分别代表辽宁、河北和上海市的田径男选手合影

1933年，第五届全国运动会在南京中央体育场举行，南京代表队的女选手坐在草坪休息

19世纪末期的马林医院

## 马林医院

马林医院位于中山路321号，是南京历史上第一座西式医院。

1887年，美国基督教会鉴于加拿大籍传教士兼医生马林（W.E.Macklin，1860—1947年）行医传教的业绩，决定集资为他建一所教会医院，由马林任院长，所以南京人俗称马林医院。

1972年，易名为“南京市鼓楼医院”至今。

民国时期的马林医院

## 中央医院

中央助产学校毕业生在中央医院前合影

中央医院位于中山东路205号，现为南京军区南京总医院。其前身是1929年1月筹建的中央模范军医院，次年1月，国民政府行政院将其更名为中央医院。医院设有内、外两大科，有床位275张。1931年国民政府又拨款扩建，大楼为钢混结构，高四层，建筑面积7000多平方米，按现代化功能布局，1933年6月竣工。中央医院在民国时期举足轻重，享有盛誉。中央医院由建筑大师杨廷宝设计，是“新民族形式建筑”的代表作之一。

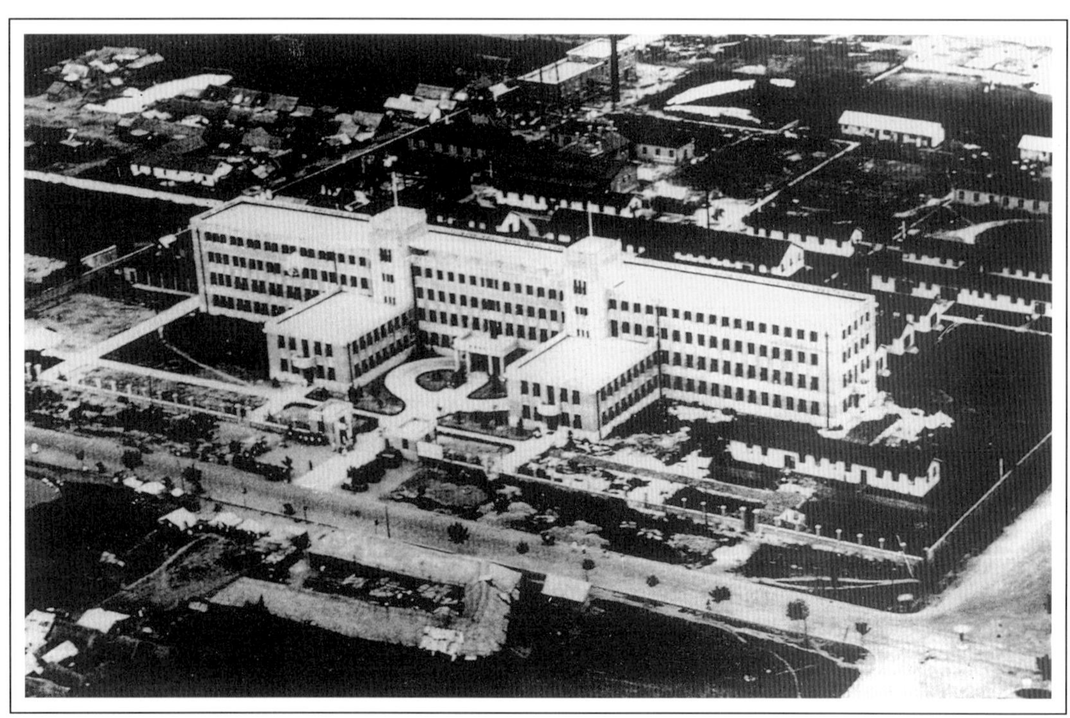
中央医院全貌

## 邮　局

南京邮政事业起步于清光绪二十三年（1897年），首家邮政官局在夫子庙贡院街设立。到民国年间，邮政已有了较快发展，相继兴建了一批局所和邮亭，邮政业务和运输能力也得到很大拓展和增强。其中，位于夫子庙的奇望街邮局和下关大码头的江苏邮政管理局最引人瞩目。前者建筑平面呈“凹”字形，两层，其造型属于欧洲文艺复兴时期的古典样式，以廊柱为入口。后者为钢混结构，地上三层，地下两层。立面为外廊式，建筑物的柱侧、檐口、腰线及门楣等都塑有精美的浮雕图案。楼顶还建有一座犹如古堡的圆顶塔楼，煞是壮观。其大楼的整体造型令人耳目一新。

南京邮局

建康路邮局外貌

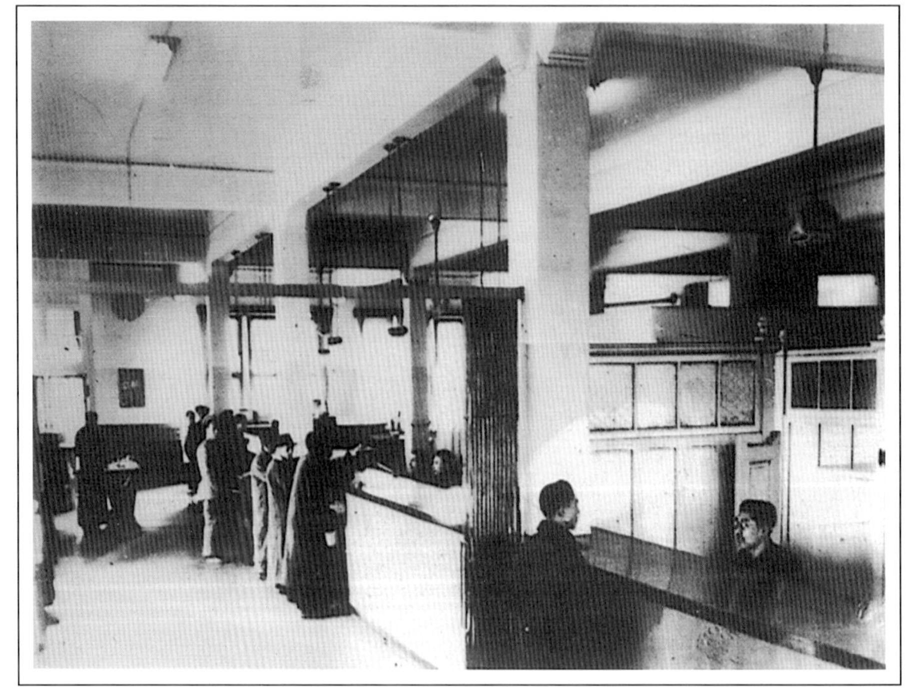

建康路邮局内景

邮差用板车往下关火车站运送邮件

下关大马路邮局后院的邮件装卸场

20世纪40年代的中央饭店

中央饭店

## 中央饭店

中央饭店坐落在中山东路237号（原为303号），高三层，为西式混合结构的建筑，占地面积5650平方米，建筑面积10057平方米。1931年1月正式开业。除了可供住宿外，还设有中西菜社、弹子房、理发馆等，以西餐著名，是上世纪三四十年代首都南京最负盛名的饭店之一，接待过许多国共两党的政要。

# 拾壹 南京人

南京地区曾为吴语区，讲得一口吴侬软语。至西晋八王之乱，社会动荡，大批中原人士南迁，外乡人与本地人融合，南京人的组成骤变。其后一次次的移民浪潮,包括宋室南渡、大明开基、天国定鼎，民国建都，使其成分愈加复杂，可谓五方杂处，南腔北调。

一方水土养一方人，南京自身的地理环境，固有和外来的文化，以及频繁的社会变迁，塑造了这个群体质朴、忠厚与本分的个性。“大萝卜”的绰号，“多大事啊”的口头禅，没有比这更能诠释这样一种特质。南京虽地居江南，却充满北方粗犷的韵味。生活在这里的人们，有南方人的聪颖、勤勉，但更多遗传了北方人的豪爽之气和侠义柔情。

到过南京的人，都有这样的感受，没有语言沟通上的障碍，没有外乡人的生疏，有的，只是一种归属感。

放风筝比赛

## 儿童

童年，天真无忧，最值得人们记忆与怀念。那个时代，虽然充满着动荡，饥饿、寒冷、疾病、战争随时可能夺走一条条幼小的生命，但再大的苦难也遮不住孩子们纯真的笑脸。

放风筝比赛

放风筝比赛的选手在展示自己的风筝

都嬰兒健康比賽
美而健

首都婴儿健康比赛

幼儿园中的儿童

1935年，金陵女子文理学院的女学生带着孩子们做游戏

南京街头的孩子们，1949年2月

金陵女子文理学院难民营的孤儿，1938年

抽陀螺

吃饭的儿童

抬柴禾的小男孩，1936年

城门洞前的孩子

带着葫芦的浦口儿童

插秧



## 农 民

中国是一个传统的农业国度，中国农民日出而作，日落而息，尤以勤劳节俭著称于世。农业是一个望天收的行当，遇上好的年景，五谷丰登，衣食或可无忧；若逢灾年，也许便颗粒无收，饥荒随之而至……

车水

## 车水的农民

江南多水，广种稻谷，水车将沟渠河湖之水引入田中，是重要的大型农具。三两人站在水车上，不停地用脚踩，随着轮轴的转动，河渠之水便源源不断地流入田中。脚踏水车，常常成了乡村农作的一道风景。

耕田



## 耕田的农民

犁田，是播种前的必修课，在传统的中国农业社会，这往往是一项由男人来干的技术活，一般多为有经验的老农担当。一头水牛在前拉着犁，人扶着犁走在后面，一边吆喝着用鞭赶牛，一边稳稳控制犁的深浅与走向。

城墙下的养鸭人



## 养鸭的农民

古都金陵，向以鸭肴驰誉海内，历来被冠以“鸭都”之美誉。鸭肴品种之多，食鸭人之众，鸭子需求数量之大，均可谓中华之最。于是，养鸭便成了当地很多农民的一项收入丰厚的主业。

捕鱼



## 渔夫

江南乃鱼米之乡，多河道沟渠，水产资源丰富，于是，结网捕鱼，便成了惯常的一种谋生手段。

夫子庙贡院街的庆源祥鸡鸭店



## 商贩

旧时南京，商贸发达，有本钱的做大生意，没本钱的就做点小买卖养家糊口。图片中，基本属于小本经营，多数是走街串巷，一路吆喝，只有极少数有自己的店铺，等客上门。

卖蒸糕

卖凉粉

做挂面

菜贩

卖绳线的店铺

名为“梁泰和号”的伞铺

做麻袋

鞋匠

夫子庙的算命先生

## 算命先生

阴阳八卦，麻衣五行，中国传统文化中，有一些神秘的内容，譬如通过测字先生“拆字”，或盲人算命，来断定生老病死、吉凶祸福和人世前程。尤其是当人感到特别无助，感叹世间的不公和自己命运的不济时，常会去寻求一种解脱，以此释惑和消灾祈福。

# 后 记



出版一部图片质量上乘、文字内容精炼的《老照片·南京旧影》是我多年来的一个夙愿。

上个世纪90年代，人民美术出版社出版的王能伟、马伯伦、刘晓梵主编的《南京旧影》,以及江苏美术出版社出版的叶兆言撰文的《老南京》等，掀起了南京人一浪又一浪的怀旧热潮，我也属于被热潮感染的一员。这两部书中披露的南京老照片，尽管数量有限，时代不一，可是拼缀出来的支离破碎的历史画面，充满着朦胧和神奇。

从那时起，我开始了搜寻南京老照片的进程。1933年出版的郭锡祺的摄影作品《南京影集》、1936年出版的朱偰编写的《金陵古迹名胜影集》、1998年出版的日本每日新闻社主编的《不许可写真》等作品陆续进入我的视野，其中部分图片被用在我和杨新华、濮小南主编的《南京民国建筑》一书中。2001年《南京民国建筑》出版后，受到读者的喜爱，一版再版，并且成为南京市政府礼品，赠送给到访的国民党前主席连战等人。

我一直在想，能否搜集到更多、更好的有关南京的历史图片，加以分类解读，然后发表出来，供世人分享？显然，仅仅依靠个人的力量是不可能完成这项任务的。官方的图书馆、博物馆、档案馆等单位收藏的老照片不计其数，而民间收藏的历史图片数量也不容小觑，要想把有关的老照片从官方和民间两个方面搜集起来，难度之大可想而知。好在是南京的官方和民间，都有一批历史文化的守望者，他们多年来通过自身的努力掌握了大量老照片的线索，有的还收藏了相当可观的珍贵历史图片。作为出版人，我有幸结识了各方面的朋友，这为我们出版《老照片·南京旧影》提供了极为有利的条件。

2011 年底，南京出版社和广厦置业旗下的仁德书院共同出资，从南京著名收藏家俞康骏先生收藏的近万张明信片中，挑选出 400 余张，出版了《老明信片·南京旧影》一书。该书出版不到 3 个月，就销售一空，我们不得不应读者的要求推出高清典藏本。

《老明信片·南京旧影》的成功运作，给了我出版《老照片·南京旧影》的信心，也给了我两点重要启示：一是读者对老图片类的图书有强烈的需求；二是采取互惠双赢的合作方式是一个不错的选择。

2012 年初，南京出版社与金陵晚报社联合成立“书香金陵工作室”，计划推出与南京历史文化尤其是民国文化相关的图书。在成立大会上，我正式提出出版该书的想法，得到朱同芳、项小宁、江飞、郑璐璐、李凯、樊立文、于峰、朱天乐、王雪岩、陆迅等领导和同仁的一致赞同。

随后，“书香金陵工作室”正式邀请中共南京市委党史工作委员会办公室邓攀先生、南京市档案局夏蓓女士、南京晨报邹尚先生、南京大学历史系韩文宁先生等人，就这部书稿的框架体例、组稿方式、交稿时间等进行了商讨，确定图片由大家分头征集和提供，南京出版社副社长卢海鸣先生负责总体框架设计、王雪岩博士负责汇总图片，韩文宁负责图片初选，再由卢海鸣负责最终选定。所有图片确定后，由著名作家叶兆言先生撰写序言，卢海鸣撰写第一、二、三、六、七章以及后记，朱明娥撰写第四章，韩文宁撰写第五、八、九、十、十一章。最后，由南京中国近代史遗址博物馆（总统府）刘刚先生对书稿进行审校，卢海鸣最终审定。

本书图片主要来源于以下几个方面：南京图书馆馆藏图片由于川女士、夏彪先生提供；南京市档案馆馆藏图片由夏蓓女士提供；部分法国、美国、英国、日本等海外高校及研究机构珍藏的图片由王雪岩女士负责搜集；卢海鸣、邓攀、邹尚、夏蓓、刘刚、朱明娥等先生和女士更是倾其所有，提供大量多年来搜集的珍贵历史图片。各方面的图片汇总起来，达上万张。对于入选本书的图片，我们设定了五个条件：一是时间，下限为 1949 年；二是空间，范围不超出现在的南京；三是种类，老明信片、老邮票、老钱币等上面的图片一律不收；四是质量，图片必须清晰；五是曝光度，尽量采用大家没有见过的、新发现的图片；六是《老明信片·南京旧影》中采用过的图片，本书一律不收。凡是同时符合上述六个条件的图片，才有可能入选。经过反复斟酌，我们从国内外上万张图片中精选出近 500 幅珍贵的历史图片，内容涉及自然、政治、经济、军事、历史、文化、社会民俗等各个方面。鉴于本书图片的来源较广，恕不一一标明出处，敬希读者诸君见谅。

编选这样一部图书对我们来说既是一项愉快的工作，也是一项困难的工作。图片的搜集、筛选、辨认，以及文字说明的撰写，图书的装帧设计、用纸，以及排版印刷，每一个环节我们都尽可能地努力去做了，真诚地希望我们的努力能够得到读者诸君的认可。

卢海鸣